浙江省
钱塘江文化
研究会

ZHEJIANG QIANTANG RIVER
CULTURE RESEARCH
ASSOCIATION

宋韵文化丛书

# 德寿宫传

周膺　吴晶／著

浙江工商大学出版社｜杭州

## 周 膺

浙江省历史学会副会长，浙江大学兼职教授。在中西哲学和文化史的比较研究方面有较多积累，并涉猎历史学、考古学、美学、文化学、经济学等较多学术领域。主持10余项省级课题研究，其中3项获省级优秀成果奖。已由上海古籍出版社等出版《南宋美学思想研究》《宋朝那些事儿》《宋韵：极致与高度》《杭州史稿》《中国5000年文明第一证：良渚文化与良渚古国》等40余种专著，发表论文和研究报告100余篇、散文随笔100余篇。

## 吴 晶

浙江省社会科学院研究员，主要研究方向为宋代、清代文化史和浙江地域文化史、家族文化史。主持或参与10余项省级课题研究，其中3项获省级优秀成果奖。出版《永嘉四灵：徐照、徐玑、翁卷、赵师秀传》《画之大者：黄宾虹传》《百年一缶翁：吴昌硕传》《诗词里的宋韵》等10多种专著，发表论文和研究报告40余篇。

# 总　序

胡　坚

宋代上承汉唐、下启明清，是中国古代文明最为辉煌的时期之一。宋代是中国历史上商品经济、文化教育、科技创新高度繁荣的时代。宋代崇尚思想自由，儒家学派百花齐放，出现程朱理学；科学技术发展取得划时代成就，中国的四大发明产生世界性影响，多领域出现科技革新；政治开明，对官僚的管理比较严格，没有出现严重的宦官专权和军阀割据，对外开放影响广远；经济繁荣，商品经济异常活跃，农业、手工业、商业等都取得长足进步；重视民生，民乱次数在中国历史上相对较少，规模也较小，百姓生活水平有较大提升，雅文化兴盛；城市化率比较高，人口增长迅速。

经济、社会的高度发达带来了文化的繁荣兴盛。兴于北宋、盛于南宋，绵延300多年的宋代文化，把中华文明推到前所未有的高度，为人类文明进步做出了不可磨灭的贡献。浙江的文化积淀极为深厚。作为中华文明史上的璀璨明珠，宋韵文化是浙江最厚重的历史遗存、最鲜明的人文标识之一。宋韵文化是两宋文化中具有文化创造价值和历史进步意义的哲学思想、人文精神、价值理念、道德规范的集大成者。什么是宋韵文化？宋韵文化不能简单地等同于宋代文化，而是从宋代文化中传承下来的，经过历史扬弃的，具有当代价值和独特风韵的文化现象，包括思想理念、精神气节、文学艺术、雅致生活、民俗风情等。具体来说，宋韵文化见之于学术思想的思辨之韵、文学艺术的审美之韵、发现发明的智识之韵、生产技术的匠心之韵、社会治理的秩序之韵、日常生活的器物之韵，集中反映了两宋时期卓越非凡的历史智慧、鼎盛辉煌的创新创造、意韵丰盈的志趣指归和开放包容的社会风貌，跳跃律动着中华民族一脉相承的精神追求、精神特质、精神脉络，是中华优秀传统文化的重要组成部分和具有中国气派、浙江辨识度的典型文化标识。

当前，我们对中华传统文化，要坚持古为今用、推陈出新，继承和弘扬其中的优秀成分。要建立具有中国特色、中国风格、中国气派的文明研究学科体系、学术体系、话语体系，为人类文明新形态实践提供有力的理论支撑。要以礼敬自豪、科学理性的态度保护和传承宋韵文化，辩证取舍、固本拓新，使其具有重大而深远的历史意义和时代价值。为此，浙江提出实施"宋韵文化传世工程"，形成宋韵文化挖掘、保护、研究、提升、传承的工作体系，高水平推进宋韵文化创造性转化、创新性发展，让千年宋韵在新时代"流动"起来、"传承"下去，形成展示"重要窗口"独特韵味、文化浙江建设成果的鲜明标识。

根据"宋韵文化传世工程"部署，浙江将围绕思想、制度、经济、社会、百姓生活、文学艺术、建筑、宗教等八大形态，系统研究宋韵文化的精神内核、文化内涵、地域特色、形态特征、历史意义、时代价值、传承创新，构建体系完整、门类齐全、研究深入、阐释权威的宋韵文化研究体系，推进宋韵文化文献资料的整理与研究，打造宋韵文化研究展示平台。深化宋韵大遗址考古发掘、保护、利用，构建宋韵文化遗址全域保护格局，让宋韵文化可知、可触、可感，为宋韵文化传承展示提供史实依据。推进宋韵重大遗址考古发掘，加强宋韵遗址综合保护，提升大遗址展示利用水平。以数字化手段赋能宋韵文化传承弘扬，全面构建宋韵文化数字化保护、管理、研究、展示、衍生体系，打造宋韵文化遗存立体化呈现系统，实现宋韵文化数字化再造，让千年宋韵在数字世界中"活"起来。加强宋韵文化数字化保护，打造数字宋韵活化展示场景，构筑宋韵数字服务衍生架构。坚持突出特色与融合发展相协调，围绕"深化、转化、活化、品牌化"的逻辑链条，深入挖掘宋韵文化元素，加强宋韵文化标识建设，打造系列宋韵文化标识，塑造以宋韵演艺、宋韵活动、宋韵文创等为支撑的"宋韵浙江"品牌，推动宋韵文化和品牌塑造的深度融合，提升宋韵文化辨识度，打造宋韵艺术精品、宋韵节庆品牌、宋韵文创品牌、宋韵文旅演艺品牌。深入挖掘、传承、弘扬宋韵文化基因，充分运用"文化＋"和"互联网＋"等创新形式，推进宋韵文化和旅游深度融合，进一步优化布局、完善结构、提升能级，把浙江建设成为国际知名的宋韵文化旅游目的地。优化宋韵文旅产业发展布局，建设高能级旅游景区集群，发展宋韵文旅惠民富民新模式。建设宋韵文化立体化传播渠道，构建宋韵文化系统化展示平台，完善宋韵文化国际化传播体系。统筹对内对外传播资源，深化全媒体融合传播，构建立体高效的传播网络，着力打造融通中外的新范畴、新表述，推动宋韵文化深入人心、走向世界，使浙江成为彰显宋韵文化、具有国内外影响力的展示窗口。

　　我们浙江省钱塘江文化研究会全体同人，积极响应浙江省委、省政府的号召，全身心投入宋韵文化的研究、转化和传播工作之中，撰写了许多论文和研究报告，广泛地深入浙江各地进行文化策划，推动宋韵文化提升城市品位、参与发展宋韵文化事业和文化产业，让宋韵文化全方位地融入百姓生活。

为了提升我们自己的思想水平和工作水平，同人们认真学习和研究宋韵文化，深入把握历史事件、精准挖掘历史故事、系统梳理思想脉络、着力研究相关课题，在此基础上，撰写了一系列通俗读物，以飨读者，为传播宋韵文化做出自己的贡献，于是就有了这套丛书。

这套丛书有以下几个特点：一是通俗性，以比较通俗的语言和明快的笔调撰写宋韵文化有关主题，切实增强丛书的可读性；二是准确性，以基本的宋韵史料为基础，力求比较准确地传达宋韵文化的内容；三是时代性，坚持古为今用，把宋韵文化与当下的现实应用紧密地结合起来，能够跳出宋韵看宋韵，让宋韵文化为当下的经济社会发展和百姓生活服务；四是实用性，丛书中有许多可以借鉴的思想理念和可供操作的方法途径，可以直接应用于文化事业和文化产业。

限于我们的研究深度与水平，丛书中一定有不少谬误，敬请读者批评指正。

2022 年 8 月 15 日

（作者系浙江省钱塘江文化研究会会长、浙江省宋韵文化研究传承中心专家咨询委员会召集人）

引言

　　德寿宫位于今浙江省杭州市上城区小营街道望仙桥畔，是南宋前期都城临安在皇城之外的另一个政治中枢，当时称北宫、北大内、北内；南部凤凰山皇城因此也称南宫、大内、南内。时人也将它们并称为"两宫"。2022 年 11 月 18 日南宋德寿宫遗址博物馆对外开放。先期复原建设的是 800 多年前的主殿区，北部有"小西湖（大龙池）"之称的空间较大的后苑部分，因尚无条件进行考古发掘，还未复原。据初步调查，南宋时期德寿宫总面积约 17 万平方米，而南宋皇城总面积约 55 万平方米，德寿宫规模为其 1/3 左右。德寿宫在南宋算得上华丽，但与北宋或者其他朝代的宫殿或园林相比还是相当普通或朴素的。德寿宫存在了 45 年，只是历史长河中的短暂一瞬，却有特殊的文化价值。先后居住于此的有 2 位太上皇帝、2 位太皇太后和 1 位皇帝、1 位皇太后，即宋高宗、后为太上皇帝的赵构，宋孝宗、后为太上皇帝的赵昚，宋高宗皇后、后为太上皇后和太皇太后的吴氏，宋孝宗皇后、后为太皇太后的谢氏。宋宁宗赵扩在此登基，并居留、理政 4 个半月。宁宗皇后杨氏 10 岁入德寿宫，为吴氏垂爱，直至 34 岁出宫嫁于宁宗，在此生活了约 25 年。杨氏后来也成为皇太后。可共称他们为"德寿宫人物"。德寿宫人物开创了内禅圣政或太上皇帝圣政，在中国历史上具有唯一性。内禅圣政不仅保全了南宋前期政权，而且对整个南宋具有积极的影响。它在中国古代专制社会条件下对政治权力制衡的改革尝试，是一个值得深思和研究的政治学问题。南宋德寿宫遗址博物馆开放以后，不少观众去看了数字化立体展示的遗址现场、难得一见的可移动出土文物，其外墙还成了网红打卡热地。其实，更应该认识或理解的是它背后的历史文化蕴义。

　　德寿宫埋藏着许多鲜为人知的神秘往事。后来成为太上皇帝的宋高宗赵构与宋孝宗赵昚只是养父子关系，然而高宗慈，孝宗孝，他们之间的亲情甚于亲父子，并且互构为最高权力制衡机制。这种关系出现在专制社会简直如一个神话，是不可能中的可能。德寿宫主殿先后有德寿殿、重华殿、慈福宫等命名，辅殿则有康寿殿、慈福宫、重寿殿、寿慈宫等命名，主要意涵是孝慈德寿。高宗之慈，孝宗之孝，吴氏、谢氏之慈，宁宗、杨氏之孝，为人称道。高宗、吴氏之于孝宗、谢氏，吴氏、谢氏之于宁宗、杨氏，人格平等，主张同价，相辅相成。不像通过政变发生的非本愿禅位，太上皇帝被完全剥夺权力而边缘化，如唐高祖李渊；也不像不交权的清高宗爱新觉罗·弘历假禅位，继续凌驾于继位者清仁宗爱新觉罗·颙琰之上。"重华殿"之"重华"出自《尚书·舜典》，原义指尧舜禅让而文德相袭，宋人更将其解释为执政理念的传承。孝慈构建的人伦和执政关系自有"德"可言，也带来"福寿"。德寿宫的三代人物大多高寿，并得以善终。而透过德寿宫这面棱镜，揭开历史的面纱，更要看到的是发端于太祖赵匡胤的宋代执政理想和执政路线，看到南宋得以承继延续国祚和复兴的内在原因，看到德寿宫人物以内禅圣政突破和改造专制制度的一种特别努力，看到德寿宫作为一种稀有的政治遗产象征的重要历史价值。

南宋充满是是非非，其中有许多也是德寿宫的是是非非。它们有的是历史真实，有的是史家的主观臆测，还有不少是好事者的改编和创作，民间演义更是多了去了。很多人将传闻当成证据，将臆测当作真相，视小说为正史。在中国历史上，南宋是故事编造最多、为人误解最多的朝代之一。面对金人的强力碾压，以宋高宗为代表的统治者为南宋政权的建立和存在做了积极的努力。虽然没有恢复中原，也显示出他们的胆略和智慧。德寿宫第一代主人宋高宗是个传奇人物，他经历过父母离散、壮年丧子、海上流亡、凶敌追杀、部将叛乱、大军围困的极度痛苦，见证了宋代的全盛时光，也经历了北宋的亡国悲剧，特别是在艰难中复兴大业。他从和平时期与世无争的王爷、敌军兵临城下命悬一线的人质，到国破家亡之际成为孤奋领兵的大元帅，在风雨飘摇之际成为不负使命的中兴之主，又在大功初成之际成为辅佐新君的太上皇帝。他是北宋、南宋之交几十年来最权威的旁观者、亲历者和决策者。他的生存环境、他的角色地位和他的心态心理不断变化，人生阅历极其丰富，思想认知极为复杂，我们不可能下简单结论。德寿宫是一种隐在政治的象征，更是深度思虑、周全谋划、纠偏改错的思想堡垒。南宋、德寿宫、宋高宗等等，有的并非只有媾和思维，更多积蓄的可能是如何后发制人的智谋。钱穆写于抗日战争背景下的《国史大纲》一书指出："晁说之元符三年应诏上疏，谓：'宋赋、役几十倍于汉。'林勋《政本书》则谓：'宋二税之数视增唐七倍。'宋之疆土民庶远不如汉唐，而国家税入远过之，此其所以愈贫而愈弱矣。"许多人受救亡意识影响而简单承袭钱穆这种"积贫积弱"说论说宋代。论及南宋，更是冠之以"偏安一隅""重文抑武""投降主义"等标签。宋代没有形成汉唐帝国的宏大版图，这主要是不同时势造成的，并非时人可为。宋代税负确实也增加较多，然而宋代的经济发展水平10倍于唐代，且军事开支巨大，税负增长是自然的。在强大的军事威胁面前，宋代仍建立了以以文制武为保障的政治制度，不再推行汉唐的军事扩张或兼并政策，不过分强调军事竞争，是十分明智也是难能可贵的。今人邓小南曾以《一个"生于忧患，长于忧患"的朝代》一文概括宋代。"生于忧患，长于忧患"的朝代，却能史无前例地创造出一个开明发达的社会，尤其是璀璨炫目的文化，将中华文明和整个中国的经济社会发展推向全新的高度，不可不说是历史奇迹。站在现时代的我们，需要抛开成见，重新审视历史文本，尤其是对德寿宫这样的历史现场进行再考古，还原一个真实的宋朝、真实的南宋、真实的宋高宗。这是德寿宫的真正价值所在。南宋德寿宫遗址博物馆应当成为真历史的见证者、述说者。

# 目录

第一篇

内禅圣政的
象征

# 德寿宫历史时间

　　德寿宫位于南宋皇城北部朝天门附近。朝天门是南宋时期中央行政区与居民区的过渡，有点像明清都城北京的天安门。自皇城和宁门至朝天门之间，分布着大量诸如三省六部之类的中央行政机构以及太庙等重要皇家建筑，朝天门外以居民区和商业区为主。元代皇城被毁，朝天门改建为拱北楼，明代改名来远楼、镇海楼。明正德年间（1506—1521）在楼上置大钟一、大小鼓九，晨钟暮鼓，为百姓报时，俗称"鼓楼"。清代正式改名鼓楼。德寿宫南宋时位于临安城的核心位置，这一区域后来也一直是杭州城区的中心地段，见证了杭州的兴替发展。

　　南宋李心传《建炎以来系年要录》卷一五三载，绍兴十五年（1145）四月，宋高宗赵构将望仙桥东甲第一区赐给秦桧作为宅邸。岳飞之孙、岳霖之子岳珂《桯史》卷二《行都南北内》云："朝天之东，有桥曰望仙，仰眺吴山，如卓马立顾。绍兴间，望气者以为有郁葱之符。秦桧颛国，心利之，请以为赐第。其东偏即桧家庙，而西则一德格天阁之故基也。"高宗御书"一德格天"匾额赐秦桧，阁以此名。朝天门东面有座望仙桥，与皇宫遥相呼应。站在桥上南眺，就像骑在马上顾望吴山（凤凰

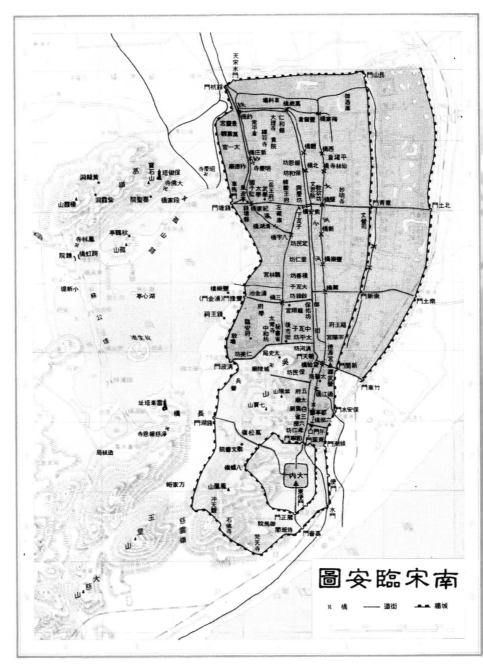

图1-1　德寿宫在南宋临安城的位置（资料来源：程光裕、徐圣谟主编：《中国历史地图》下册《南宋临安图》，台北"中国文化大学"出版部1980年版）

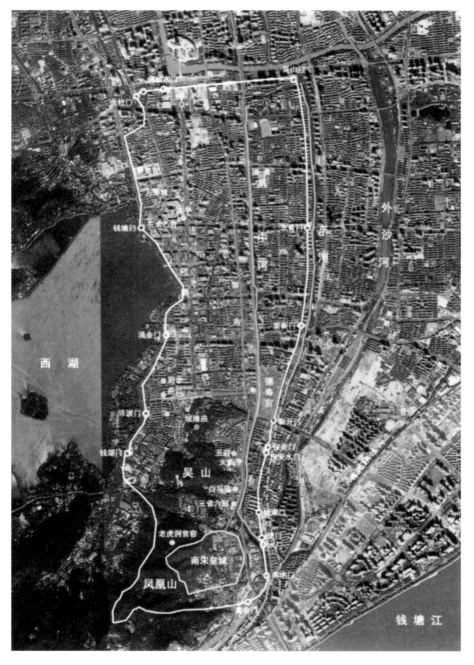

图1-2 南宋临安城德寿宫卫星遥感图推测位置（资料来源：孟超、周昕怡：《德寿宫遗址保护性展示工程的实践与思考》，《杭州文博》第27辑，浙江古籍出版社2023年版）

图1-3　杭州鼓楼

山）一样。方家以为有吉祥之气，秦桧以为有利掌权，在绍兴和议后请求高宗赐地修第。他在此经营10年之久，府第规模宏大，富丽甲于一时。其东为秦桧家庙，西为一德格天阁。南宋张仲文《白獭髓·秦桧》又云："后绍兴末年，师垣薨，适值天府开浚运河。人夫取泥尽堆积府墙及门。有无名人题诗于门曰：'格天阁在人何在？偃月堂深恨已深。不向洛阳图白发，却于郿坞贮黄金。笑谈便欲兴罗织，咫尺哪知有照临。寂寞九原今已矣，空余泥泞积墙阴。'"古代又称宰相为"师垣"，"师垣薨"即指秦桧死。秦桧死后不久疏浚中河，百姓取河里污泥堆积于秦府门墙，表达愤懑之情。还有人在门上题上引诗讽刺秦桧。

《建炎以来系年要录》卷二〇〇又载，绍兴三十二年（1162），高宗将秦桧旧第改建为德寿宫，并于当年六月十日下诏传位皇太子赵昚，自己做了太上皇帝，移居德寿宫。次日赵昚即位，

是为宋孝宗。孝宗对德寿宫进行了扩建，并御题"德寿宫"和
"德寿殿"，其规模远超秦桧旧第，供高宗颐养天年。高宗移
居德寿宫主要有两个原因：一是离开皇宫，最大限度为继位者
腾出执政空间；二是绍兴二十五年秦桧临终时嘱家属迁回老家
建康府，在此地改建德寿宫也是利用废屋，免得另外大兴土木。
高宗禅位时 56 岁，直至 81 岁去世，在此生活了 25 年。徐松辑
《宋会要辑稿·方域二》等载，淳熙十四年（1187）十月高宗
崩逝，次年八月孝宗为高宗皇后（时称皇太后）吴氏修慈福宫。
李心传《建炎以来朝野杂记》乙集卷二《成肃谢皇后》云："永
思陵既复土，寿皇欲迎宪圣还居大内。而宪圣以为：上皇享天
下之养，优游二十余载，升遐此宫，何忍遽然迁去？今几筵又
复安奉于此，倘欲迁内，当俟终制。乃命有司改筑本殿为慈福
宫，就居之。"高宗葬绍兴永思陵后，孝宗（光宗尊孝宗为"至
尊寿皇圣帝"，简称"寿皇"）欲迎吴氏（谥"宪圣慈烈皇后"，
简称"宪圣皇后"）还居南内皇宫，吴氏回答说："太上皇帝
在此优养 20 余年，并最后升天，何忍遽然离开？太上皇帝的祭
祀灵座（几筵）现在也在这里，即便要还大内，也要等到祭祀
结束。"事实上吴氏真正考虑的应仍是不干政。孝宗改建正殿
德寿殿旁的康寿殿继续奉养吴氏。"诏新修盖皇太后宫殿，以'慈
福宫'为名。"南宋周必大《思陵录》下载："予问高宗殿名，
上曰：'只是德寿殿，太后是康寿殿。'"可知康寿殿原本就
是吴氏寝殿。南宋潜说友修纂《咸淳临安志》卷二《行在所录
二·宫阙二》载，相传康寿殿曾产金芝，高宗特意为其制赞和序。
慈福宫于淳熙十五年十二月修缮新成。《宋会要辑稿·方域三》

图1-4　复建的德寿宫宫门

图1-5　复建的德寿宫设为南宋德寿宫遗址博物馆

又载："淳熙十五年八月二日，诏修盖皇太后宫。五日，诏学士院、给舍同礼官依典礼拟撰进宫殿名。既而给事中兼直学士院李巘、权礼部侍郎尤袤、起居舍人郑侨、户部员外郎权太常少卿罗点、太常丞（张）［詹］体仁、秘书省著作郎兼权礼部郎官倪思、太常博士叶适奏，恭拟殿名曰慈福。诏恭依。十六年正月十五日丙午，皇太后迁慈福宫。"《宋会要辑稿·方域二》载："十六年正月二十八日，诏德寿宫改作重华宫。"佚名《续编两朝纲目备要》卷一载，二月孝宗禅位于光宗赵惇，退位居重华宫。

绍熙五年（1194）六月孝宗崩逝，次年改重华宫为慈福宫，时称太皇太后的吴氏迁居于此。改旧慈福宫为重寿殿，孝宗皇后时称寿成皇太后的谢氏迁居于此。《宋会要辑稿·礼三〇》载，孝宗临终时说："寿圣隆慈备福皇太后可尊为太皇太后，寿成皇后改称皇太后。将来候撤几筵，重华宫可改为慈福宫，却于向后盖殿以居寿成皇后，庶几以便定省侍奉。"《建炎以来朝野杂记》乙集卷二《成肃谢皇后》又载："及寿皇升遐，宪圣、寿成二太后当还内。而寿康宫已在南内矣，乃改重华宫为慈福宫，以旧慈福宫为重寿殿，二太后皆徙居焉。比宪圣终丧，又改慈福宫为寿慈，以奉太母。"文献中旧慈福宫改为重寿殿的记载仅见于此。只是庆元元年（1195）新慈福宫与寿慈宫即已并称，表明寿慈宫改自旧慈福宫，并非吴氏崩逝后改自新慈福宫。庆元三年十一月吴氏崩逝。《宋会要辑稿·方域二》载："嘉泰二年八月十八日，诏令修内司于大内计料修盖寿慈殿，恭请太皇太后还内。"但谢氏未同意。《建炎以来朝野杂记》乙集卷二《成肃谢皇后》又载，开禧二年（1206）二月寿慈宫前殿失火，

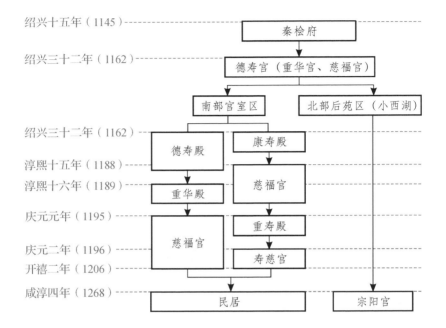

图1-6    德寿宫历史沿革

谢氏不得已迁居南内，次年五月崩逝。

　　谢氏迁居南内后，德寿宫不再有重要人物居住，逐渐荒废。据《咸淳临安志》卷一三《行在所录十三·宫观》等记载，咸淳四年（1268）四月，因此地靠近度宗赵禥出生的荣王府，度宗以为吉利，将其后苑改建为宗阳宫，祀感生帝（古人认为王者之先祖皆感太微五帝之精以生，因称其祖所感生之帝为"感生帝"），并从南屏山侧翠芳园移植一些树木过来加以美化，作为御前宫观，南半部则析为民居。南宋吴自牧《梦粱录》卷八《德寿宫》载："咸淳年间，度庙临政，以地一半营建道宫，扁曰宗阳，以祀感生帝。其时重建，殿庑雄丽，圣真威严，宫囿花木，靡不荣茂。装点景界，又一新耳目。一半改为民居。
圃地改路，自清河坊一直筑桥，号为宗阳宫桥。每遇孟享，车
驾临幸，行烧香典礼。桥之左右设帅漕二司，起居亭存焉。"
元代以后宗阳宫时兴时废，至清代毁弃。

　　自绍兴三十二年（1162）高宗禅位直至开禧二年（1206）
谢氏迁居皇宫，德寿宫作为一种特殊的政治象征在南宋历史上
存在了 45 年。先后居住于此的有高宗、孝宗 2 位内禅的皇帝和
吴氏、谢氏 2 位皇后。另外，因被迫禅位的光宗不肯按惯例让
出居所迁居德寿宫，宁宗赵扩初继位时也在德寿宫住了 4 个半月，
等皇城新宫建好后才搬过去。宁宗皇后杨氏自幼时起在此生活
了 25 年。这一时期尽管也出现过一些朝政动荡，但总体而言是
整个南宋政局最为稳定、经济社会发展最好的黄金时期，继高
宗绍兴中兴后又出现著名的乾淳之治（孝宗时期）。这种局势
的形成与当时南宫、北宫两宫共治天下的特殊政治结构的功能
作用有关。在很大意义上，德寿宫所象征的两宫分权治理政治
模式在中国政治史上绝无仅有，是十分珍贵的政治文化遗产。

# 德寿宫营造法式

　　德寿宫遗址大部分埋藏于民居之下，其四至界线在深入考古的基础上才能确定。其中南、东、西3面界线文献记载较为明确。淳熙二年（1175）高宗70寿诞，徐松辑《中兴礼书》卷一八四记载当时的相关典礼安排云："今看详，欲将大旗三十四口内一十口于德寿宫前随宜卓立，将五口卓立在德寿宫门外已东至城门，将五口卓立在望仙楼（桥）河东岸德寿宫墙下。"据此可以推断德寿宫南宋时南临街，东近新开门，西抵盐桥河（今中河），大体上对应于今望江门直街（望仙桥直街）以北、直吉祥巷（因处于临安东城墙与德寿宫墙之间，南宋时名夹墙巷）以西、靴儿河下以东这一区域。《咸淳临安志》卷三十五《山川十四·河》载："德寿宫之东元有茆山河，因展拓宫基填塞积渐，民户包占，唯存去水大沟。至蒲桥、修内司营填塞所不及者，故道尚存，自后军东桥至梅家桥河。"秦桧旧第原在茆山河以西，德寿宫东拓近临安城东城墙。德寿宫北界尚难确定。今人刘未《南宋德寿宫址考》一文对此进行了考证，认为北界不到一般所说梅花碑。《咸淳临安志》卷七十二《祠祀二·节义》载："旌忠庙，在丰乐桥，俗曰三圣庙……庙旧在清冷桥北。绍兴十九

图1-7　德寿宫复原拟想鸟瞰图（资料来源：浙江省古建筑设计研究院：《德寿宫复原研究（效果图册）》，2021年）

图1-8　德寿宫复建部分鸟瞰

年，杨殿帅存中请以旌忠赐为观额。后因德寿宫门拓徙建今处，即觉苑寺废址也。"南宋周淙修纂《乾道临安志》卷一《行在所·宫观》则载："旌忠观……（按：绍兴）三年，张俊、杨存中、郭仲荀用己俸于临安府踏道桥东立庙。绍兴十九年改赐观额，三十二年徙于觉苑寺故基。"谓旌忠观旧址在清冷桥北，一云在踏道桥东。若在清冷桥北，则德寿宫向北也有所展拓。明田汝成《西湖游览志》卷一五《南山分脉城内胜迹》云："市舶司，本宋德寿宫后圃也。永乐中命内臣掌海舶互市于此。内有芙蓉石，高丈许，窦穴玲珑，苍润可爱。嘉靖中改为南关公署。"明南关公署即杭州南关工部分司，清康熙年间（1662—1722）废，其地在佑圣观巷梅花碑之西。田汝成此说不可信。可为德寿宫北界提供准确参照的建筑是传法寺。周必大《玉堂杂记》卷上云："尝自德寿宫后垣趋传法寺，望见一楼巍然。朝士云，太上名之曰聚远。"《宋会要辑稿·方域一〇》云："光宗绍熙二年四月十六日，诏临安府传法寺并烧毁居民去处，其寺面南街道为俯近重华宫，宫墙比旧展退北一丈，经烧居民不许搭盖。"可知德寿宫北墙与传法寺仅一街之隔。传法寺位于梅花碑之东，入明后为巡盐察院拓建占据，清乾隆年间（1736—1795）先后改为织造署、盐院署，嘉庆年间（1796—1820）复为织造署。德寿宫北墙当在清织造署稍南。

自2001年开始，杭州市文物考古研究所先后对德寿宫遗址进行了4次规模较大的考古发掘，大体证实了上述推断。其南部为宫殿区，面积约5.3万平方米；北部为后苑区，面积约11.7万平方米。总面积约17万平方米。南部宫殿区已拆去大部分地

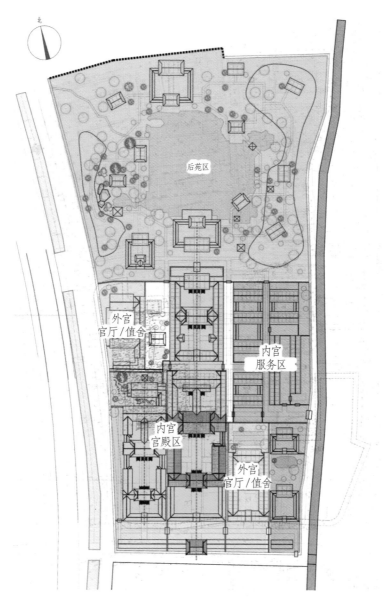

北

后苑区

外宫
官厅/值舍

内宫
服务区

内宫
宫殿区

外宫
官厅/值舍

图1-9　德寿宫功能分区拟想图（资料来源：浙江省古建筑设计研究院：《南宋德寿宫宫廷建筑及北苑推测复原研究》，2022年）

面建筑，并进行了系统的考古发掘。目前可见遗存主要为孝宗时期面貌，它由中部主轴线和东、西两条副轴线上的大型殿基

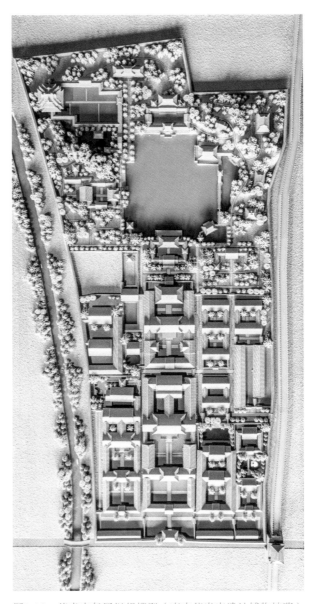

图1-10　德寿宫复原拟想模型（南宋德寿宫遗址博物馆藏）

及前后多进院落组成，西侧次轴线建筑组群又可细分为南、北两部分。反映建筑布局的遗址主要有中区正殿遗址，西区工字形殿、水池、水渠、凉棚、方亭遗址，西北角五开间建筑与穿廊平面遗址，排水沟遗址，东区部分建筑平面和水池遗址。中区主要是孝宗时期的重华殿建筑群遗址，西区主要是同期的慈福宫建筑群遗址，遗存的柱础排列整齐。两个区域分别构成相对独立的院落。东区仅见零星柱础，应为辅助设施遗存。宫殿区出土了大量筒瓦当、重唇板瓦、脊兽、蹲兽、套兽等屋顶构件和香糕砖、方砖等地面铺装构件。浙江省古建筑设计研究院据考古资料推测，南部宫殿区大体可分为内宫宫殿区、内宫服务区和外宫区（官厅／值舍）几个功能区。根据考古发掘和环境清理条件，目前已将南部宫殿区建为南宋德寿宫遗址博物馆，总用地面积12321平方米，建筑面积21367平方米，露明展示遗址面积4600多平方米。

　　浙江省古建筑设计研究院依据考古成果和历史文献，参照北宋李诫《营造法式》、南宋建筑实例和南宋绘画中的建筑形态对德寿宫建筑群进行推测性复原。其中南宋建筑实例主要分为两大部分，一是包括宁波市保国寺大殿、湖州市飞英塔、苏州市玄妙观三清殿、杭州市闸口白塔等在内的宋代南方建筑遗存，二是以绍兴市越城区南宋六陵和杭州市恭圣仁烈皇后宅、临安府治等为代表的南宋临安城相关遗存。南宋绘画主要是宁宗、理宗时期宫廷画家李嵩、马远、马麟、刘松年等的界画作品，他们可能目睹过德寿宫。这一复原成果综合反映在《浙江省古建筑设计研究院德寿宫南区宫殿主要建筑尺度想象推测数据表》（见表1-1）中。

单位：尺

表 1-1　浙江省古建筑设计研究院德寿宫南区宫殿主要建筑尺度想象推测数据表

| 组群 | 主要建筑 | 附属建筑 | 形式 | 屋顶 | 通面阔 | 通进深 | 铺作 | 心间面阔 | 柱高 | 台基高度 | 材等 |
|---|---|---|---|---|---|---|---|---|---|---|---|
| 宫门 | 门 | | 三间六椽 | 单檐歇山／悬山 | 48 | 27 | 五铺作 | 18 | 13 | 3 | 六等材 |
| 重华殿 | 隔门甲 | | 一间四椽 | 单檐悬山 | 18 | 18 | 斗口跳 | 18 | 13 | 2 | 七等材 |
| | 殿门 | | 三间六椽 | 单檐歇山 | 48 | 30 | 五铺作 | 18 | 13 | 2.5 | 六等材 |
| | 大殿 | 朵殿 | 五间十椽 | 单檐歇山 | 92 | 50 | 五铺作 | 20 | 15 | 4.5 | 五等材 |
| | | 殿后通过 | 一间八椽 | 单檐悬山 | 16 | 40 | 五铺作 | 16 | 13 | 1.5 | 六等材 |
| | 漫殿 | 瓦凉棚 | 三间四椽 | 单檐悬山 | | 20 | 五铺作 | 20 | 15 | 4.5 | 六等材 |
| | | | 五间八椽 | 单檐悬山 | 76 | 40 | 五铺作 | 20 | 15 | 4.5 | 六等材 |
| | | 抱屋 | 五间四椽 | 单檐悬山 | 76 | 20 | 五铺作 | 20 | 15 | 4.5 | 六等材 |
| | 隔门乙 | | 一间八椽 | 单檐悬山 | 14 | 40 | 斗口跳 | 14 | 13 | 4.5 | 六等材 |
| | 后殿 | | 一间六椽 | 单檐歇山 | 18 | 24 | 斗口跳 | 18 | 13 | 2 | 七等材 |
| | | | 五间八椽 | 单檐歇山／歇山 | 74 | 40 | 五铺作 | 18 | 13 | 3.5 | 五等材 |
| | | 抱屋 | 一间八椽 | 单檐悬山 | 14 | 40 | 斗口跳 | 14 | 13 | 1.5 | 六等材 |
| | 后楼子 | | 五间八椽 | 单檐／重檐歇山 | 74 | 40 | 五铺作 | 18 | 13 | 3.5 | 六等材 |
| | 廊屋 | | 六椽 | 单檐悬山 | | 27 | 斗口跳 | 12 | 15 | 1.5 | 七等材 |

续表

| 组群 | 主要建筑 | 附属建筑 | 形式 | 屋顶 | 通面阔 | 通进深 | 铺作 | 心间面阔 | 柱高 | 台基高度 | 材等 |
|---|---|---|---|---|---|---|---|---|---|---|---|
| 慈福宫 | 隔门 | | 一间四椽 | 单檐悬山 | 14 | 18 | 斗口跳 | 14 | 11 | 2 | 七等材 |
| | 殿门 | | 三间六椽 | 单檐歇山 | 40 | 27 | 四铺作 | 16 | 12 | 2.5 | 六等材 |
| | | | 五间八椽 | 单檐歇山 | 76 | 36 | 五铺作 | 16 | 12 | 4 | 六等材 |
| | 前殿 | 扶屋 | 一间八椽 | 单檐悬山 | 16 | 36 | 斗口跳 | 16 | 12 | 1.5 | 七等材 |
| | | 殿后通过 | 三间四椽 | 单檐悬山 | | 16 | 五铺作 | 16 | 12 | 2.5 | 六等材 |
| | | | 五间八椽 | 单檐悬山 | 72 | 36 | 五铺作 | 16 | 12 | 2.5 | 六等材 |
| | | 扶屋 | 一间八椽 | 单檐悬山 | 16 | 36 | 斗口跳 | 16 | 12 | 1.5 | 七等材 |
| | 凉棚 | | 五间八椽 | 单檐歇山 | 72 | 36 | 四铺作 | 16 | 12 | 2 | 七等材 |
| | | 扶屋 | 一间六椽 | 单檐悬山 | 15 | 27 | 四铺作 | 15 | 10 | 2 | 七等材 |
| | 方亭 | | 一间 | 单檐攒尖/重檐攒尖 | 12 | 12 | 五铺作 | 12 | 10 | 2 | 八等材 |
| | 廊 | | 四椽 | 单檐歇山 | | 16 | 斗口跳 | 12 | 10 | 1.5 | 七等材 |
| 内官服务区 | 内人屋等 | | 六椽 | 单檐悬山 | | 27 | 斗口跳 | 12 | 12 | 2 | 八等材 |
| | 廊 | | 四椽 | 单檐悬山 | | 12 | 单斗只替 | 12 | 10 | 1 | 八等材 |
| 外官区 | 发掘区五开间五建筑 | | 五间十椽 | 单檐悬山 | 68 | 43.5 | 四铺作 | 16 | 12 | 3 | 八等材 |
| | 官厅值舍等 | | 五间八椽 | 单檐悬山 | 68 | 32 | 斗口跳 | 16 | 12 | 2 | 八等材 |
| | 廊屋 | | 三间六椽 | 单檐悬山 | 42 | 24 | 斗口跳 | 14 | 11 | 2 | 八等材 |
| | 廊 | | 六椽 | 单檐悬山 | | 27 | 单斗只替 | 12 | 10 | 1.5 | 八等材 |
| | 廊 | | 四椽 | 单檐悬山 | | 12 | 单斗只替 | 12 | 10 | 1.5 | 八等材 |

注：表中红字部分为周必大《思陵录》下记载或数据或遗址考古数据。

　　中国传统建筑营造须遵礼制规范，建筑的间架、屋顶、台基、面阔、进深、构架作法都有规定。北宋王溥《唐会要》卷三十一《舆服上·杂录》录《营缮令》云："三品已上堂舍不得过五间九架，厅厦两头门屋不得过五间五架。五品已上堂舍不得过五间七架，厅厦两头门屋不得过三间两架……六品、七品已下堂舍不得过三间五架，门屋不得过一间两架。"梁与梁之间叫"间"，即开间，檩与檩之间叫"架"，间的数量制约通面阔，架的数量制约通进深。9间殿堂为帝王专用，公侯一级的厅堂只能用到7间，一、二品官员只能用到5间，六品以下为3间。各类建筑的台基、屋顶也分等级，如庑殿、歇山顶只能用于宫殿、寺庙或王府等高等级建筑。南宋皇室尚节俭，高宗、孝宗尤其如此，总体而言降低了等级标准。德寿宫建筑在5间以下，多为单檐歇山或悬山顶，台基最高为4.5米，多数为一二米，属相当简朴的。宋代官尺种类繁多，大致可分为北宋官尺和南宋官尺两大类。北宋官尺又有太府布帛尺、三司布帛尺、营造官尺等，总体上较唐代官尺略长。一般将现藏于中国国家博物馆的河北省巨鹿县北宋故城遗址出土的短矩尺认作北宋营造官尺，长约30.9厘米。对此学界也存在争议。若按此标准，最宽的重华殿5间92尺，慈福宫前殿5间76尺，仅合约29米和约24米。目前复原重建的重华殿开间即为29米。

　　中国古代建筑构架由梁、柱、檩、椽以及斗拱等拼装而成，构件的平、立、剖及开榫尺寸均由材、分为单位度量，构成标准化、定型化建筑模数的内在基础。模数设计在南北朝后期趋于成熟，初唐时便发展到以"材分"为模数的标准化设计，而已知最早记录材分制度的文献是北宋的《营造法式》。北宋元符三年（1100），时任将作监的李诫完成《营造法式》编修，并于崇宁二年（1103）将书刊行。《营造法式》卷四《大木作制度一》载："凡构屋之制，皆以材为祖。材有八等，度屋之大小，因而用之。""各以其材之广，分为十五分，以十分为其厚。凡屋宇之高深，名物之短

图1-11　复建的重华宫重华殿

图1-12　绍兴市古建园林建设有限公司制作的德寿宫德寿殿模型（杭州工艺美术博物馆藏）

长，曲直举折之势，规矩绳墨之宜，皆以所用材之分，以为制度焉。""栔广六分，厚四分。材上加栔者，谓之足材。"依据材料力学原理，材广较之材厚更具决定性作用，"以材为祖"在很大意义上是"就广充用"。《营造法式》规定的材之截面之广（高）、厚（宽）比3：2就是黄金比例。"材分"即"材份"。《营造法式》提出基本模数单位，规定1材＝15分。又相应规定"栔"和"足材"的模数：1栔＝2/5材＝6分，1足材＝1材+1栔＝21分。房屋的长、宽、高和各种构件截面以至外形轮廓、艺

表1-2    《营造法式》八等材截面尺寸表

单位：寸

| 用材等级 | 材　广 | 材　厚 |
|---|---|---|
| 一等材 | 9 | 6 |
| 二等材 | 8.25 | 5.5 |
| 三等材 | 7.5 | 5 |
| 四等材 | 7.2 | 4.8 |
| 五等材 | 6.6 | 4.4 |
| 六等材 | 6 | 4 |
| 七等材 | 5.25 | 3.5 |
| 八等材 | 4.5 | 3 |

术加工等，都以分数为标准。这就是"材分制"。《营造法式》按"材分制"定了八等材（8种截面尺寸的材），供不同性质、规模的建筑选用。相邻两等材的强度虽有差异，但因比值均匀，以下一等代替上一等，应力增加不会超过1/3，某些承重较小的构件便可降低材等代用，如殿堂副阶、缠腰用材就可减一等。《营造法式》虽未明确进行建筑分类，但从所述内容归纳，大约涉及4类官式建筑：第一类是殿阁，包括殿堂、楼阁、殿挟屋、殿门、城门楼台等。第二类是厅堂，包括堂、厅、门楼等。第三类是余屋，即上述两类外的次要房屋，包括殿阁和官府的廊屋、常行散屋、营房等。第四类是亭、榭等小型建筑。其用材可依次降等，如殿堂使用一至五等材，厅堂使用三至六等材，余屋使用三至七等材。德寿宫则用了五至八等材，且五等材也用得极少，足见其节用理念和营造技术的精湛。

模数和材分制的应用也推动了宋代铺作（斗拱）技术的改进，即由计心造代替偷心造，由重拱取代单拱，并出现补间铺作二朵向多朵演进，使得铺作中距（朵当）成为平面构成的基准。偷心造斗拱横拱的设置少于斗拱出踩。如斗拱各向内外两侧挑出三拽架称为七踩，应列有7列横拱，偷心造则省去1列或数列。计心造斗拱按斗拱出挑数量设置横拱，几挑斗拱即有几列横拱。计心造斗拱可将屋顶的重量平均分散于柱上，增强了稳定性。宋式斗拱每挑出一层为一跳，每增高一层为

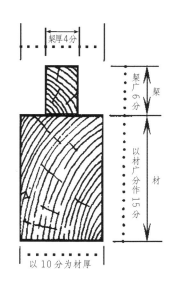

图1-13 《营造法式》的材栔分度关系

一铺。斗拱的大小等级以出跳数和铺数多寡来排定。斗拱在宋代称铺作。《营造法式》卷四《总铺作次序》载："出一跳谓之四铺作，出两跳谓之五铺作，出三跳谓之六铺作，出四跳谓之七铺作，出五跳谓之八铺作。"八铺作是最复杂的斗拱，而德寿宫多用五铺作，还有不少单跳的斗口跳，甚至是单斗只替（单个栌斗架一根替木，斗拱不出跳），同样可见其不尚奢华。

《思陵录》下收录的淳熙十五年（1188）十二月主持修造慈福宫的刘庆祖向孝宗报告情况之文书，更加真实地反映了慈福宫原貌。这篇文书在清道光二十八年（1848）庐陵欧阳棨刊本《庐陵周益国文忠公集》中存有全文，明祁氏澹生堂抄本《周益公文集》存有前一部分内容，文字大致相同。《四库全书》本周必大《文忠集》略去。欧阳棨刊本全文如下："己卯，后

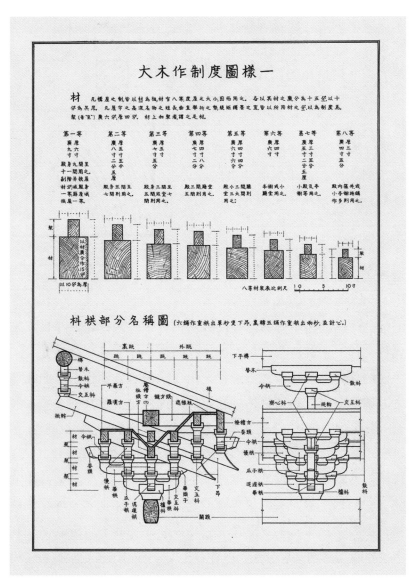

图1-14　梁思成《〈营造法式〉注释》手稿《大木作制度图样一》之材和斗拱结构示意图（清华大学建筑学院中国营造学社纪念馆藏）

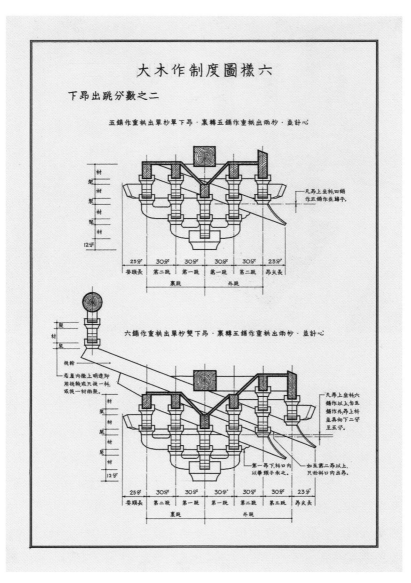

图1-15　梁思成《〈营造法式〉注释》手稿《大木作制度图样六》之部分五铺作、六铺作示意图（清华大学建筑学院中国营造学社纪念馆藏）

图1-16　宁波市保国寺古建筑博物馆制作的《营造法式》七铺作重拱出双抄双下昂里转六铺作重拱出三抄并计心斗拱模型（杭州工艺美术博物馆藏）

殿坐提举修内司刘庆祖申契：勘本司恭奉圣旨指挥修盖慈福宫殿堂门廊等屋宇，大小计二百七十四间。内：殿门三间，朱红门二扇，板壁八扇，输石浮瓯钉装钉。朱红柱木，头顶真色装造，瓯瓦结瓦，安立鸥吻。方砖地面，门外打花铺砌墁地。正殿五间，朵殿二间，各深五丈。内心间阔二丈，次间各阔一丈八尺。柱高丈五尺，平棊枋朱红顶板，里外显五铺上下昂，真色晕嵌装饰。头顶瓯瓦结瓦，安立鸥吻。方砖地面，朱红柱木，窗隔、板壁、周回明窗等。青石压栏，石磋踏道，打花铺砌龙墀。殿上安设龙屏风。殿后通过三间，随殿制作装饰，真绿刷柱。并寝殿五间、

图1-17　慈福宫后殿遗址（资料来源：杭州市文物考古研究所）

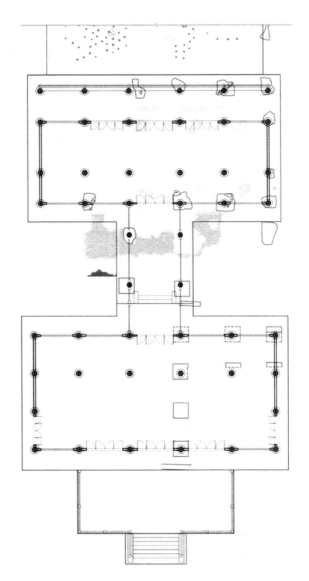

图1-18　慈福宫建筑群平面布局图（资料来源：黄贵强、朱正：《南宋德寿宫遗址建筑工字殿复原研究》，《杭州文博》第27辑，浙江古籍出版社2023年版）

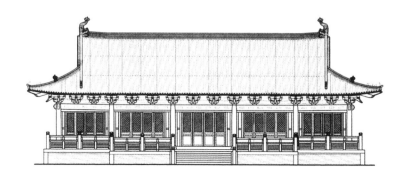

正殿立面

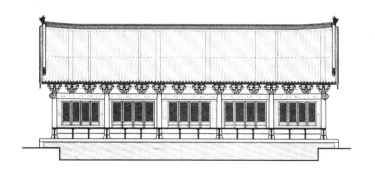

后殿立面

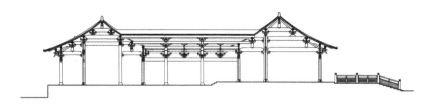

正殿、后殿群纵剖面

图1-19　慈福宫复原图（资料来源：黄贵强、朱正：《南宋德寿宫遗址建筑工字殿复原研究》，《杭州文博》第27辑，浙江古籍出版社2023年版）

图1-20　复建的慈福宫正殿

挟屋二间、瓦凉棚五间，并是真色晕嵌装造，黑漆退光柱木，窗隔、板壁、周回明窗等。头顶瓪瓦结瓦，方砖地面。后殿五间，挟屋两间，真色装造，绿漆窗隔、板壁，黑漆退光柱木，周回明窗等。头顶板瓦结瓦，方砖地面。次后楼子五间，上下层并系青绿装造，黑漆退光柱木，周回明窗等。头顶板瓦结瓦，方砖地面。漆窗隔、板壁、鹊梯、周回避风箐等。绿油柱木，头顶瓪瓦结瓦。方砖地面，打花铺砌涌路、花台。正殿前后廊屋共九十四间，各深二丈七尺，阔一丈二尺，柱高一丈五尺，真色金线鲜绿装造。头顶板瓦结瓦，方砖地面。内殿前廊屋系朱红柱木、窗隔，殿后绿油柱木，黑漆、金漆窗隔、板壁，前后明窗。

装折阁子库务等，并素白楞木。侧堂二座，各三间，龟头一间，黑漆窗格并明窗等。殿厨及内人屋六十六间，官厅直舍外库等屋六十五间。大门一座，三间。中间隔门二座，各一间，深阔不等。并系草色装饰，矾红并黑油柱木、案卓、窗隔、板壁等，板瓦结瓦。砖砌地面及诸处砖砌路道，墙壁黄罗青罗额道。并疏暖帘共一百五间，鍮石钩条结子全及诸处。案卓并系鍮石装钉叶子。并承降下御书'慈福之宫''慈福之殿'八字及'臣（御名）恭书'八字。制造青地金字朱红漆牌二面。前项生活并于今月十八日一切毕工，并于当日挂牌了当。"今人李若水《南宋临安城北内慈福宫建筑组群复原初探——兼论南宋宫殿中的朵殿、挟屋和隔门配置》和黄贵强、朱正《南宋德寿宫遗址建筑工字殿复原研究》等文主要根据上述记载，参照其他资料对慈福宫建筑群平面和建筑模式进行了系统的复原研究，相对而言较接近历史原貌。慈福宫建筑群平面布局呈工字形。工字殿是宋代高等级建筑的重要布局形式，在宋、辽、金时期文献和壁画中多有体现，对后续元、明、清建筑形式也有影响。北京明清故宫太和殿、中和殿、保和殿三大殿建筑虽非工字殿布局，但台基为工字形。

# 别一种圣政

德寿宫存在的历史不算长，作为宫殿也不够惊艳，但它却是中国历史上独有的一种先进政治制度或者圣政的特殊标识。

民国六年（1917）王国维发表长文《殷周制度论》，论证"中国政治与文化之变革，莫剧于殷、周之际"这一中心论点。王国维指出："周人制度之大异于商者，一曰'立子立嫡'之制，由是而生宗法及丧服之制，并由是而有封建子弟之制，君天子臣诸侯之制；二曰庙数之制；三曰同姓不婚之制。"王国维用的是文献与考古二重证据法。尽管当时考古资料还相当缺乏，但其总体立论仍为学界所推崇。王国维认为周朝与商朝基本制度的最大差异是实行王位嫡传制、子弟分封（封建）制和君臣等级制，这种制度有较大的分权性质。秦朝实行中央集权的郡县制，构成皇帝独裁专制的政治体制。汉唐两朝汲取秦朝灭亡的经验教训，将中央集权的郡县制与分封制融于一体。这种政体较大程度保留了皇帝独裁专制的特性，又因分封、藩镇割据等导致魏晋南北朝和五代十国的纷乱。

国际学术界对隋朝政治特别是隋文帝的政治改革评价颇高。隋文帝杨坚建立了三省六部制。尚书、门下、中书三省之名隋以前已有，但三省并立机制的建立是隋文帝的创设。或取旨决策（中书省，隋代称内史省），或审议（门下省），或执行（尚书省），分工明确，互相牵制又互相补充，同时制约皇权，避免皇帝专制和权臣专权。尚书省又下辖吏部、户部、礼部、兵部、刑部、工部6部，处理日常军政事务。三省六部

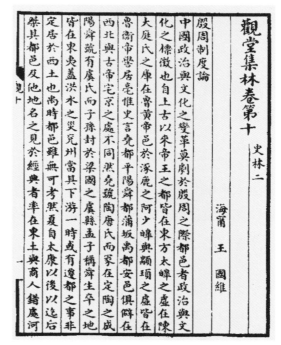

图1-21　商务印书馆民国二十九年（1940）版《王国维遗书》第一册《殷周制度论》

制奠定了后代的基本行政体制。隋文帝还改革九品中正制，推行科举制度，建立了文官选拔和治理制度，较大程度消解了皇帝独裁专制的弊端。唐魏徵等修纂的《隋书》卷二《帝纪第二》称隋文帝"天性沉猜，素无学术，好为小数，不达大体，故忠臣义士莫得尽心竭辞。其草创元勋及有功诸将，诛夷罪退，罕有存者"。即便隋文帝有如此性格缺陷，由于分权和权力制约也颇具政治作为。后晋刘昫修纂《旧唐书》卷三《本纪第三》载："上谓房玄龄、萧瑀曰：'隋文何等主？'对曰：'克己复礼，

勤劳思政。每一坐朝，或至日昃。五品已上，引之论事。宿卫之人，传餐而食。虽非性体仁明，亦励精之主也。'上曰：'公得其一，未知其二。此人性至察而心不明。夫心暗则照有不通，至察则多疑于物。自以欺孤寡得之，谓群下不可信任，事皆自决，虽劳神苦形，未能尽合于理。朝臣既知上意，亦复不敢直言。宰相已下，承受而已。朕意不然。以天下之广，岂可独断一人之虑？朕方选天下之才，为天下之务，委任责成，各尽其用，庶几于理也。'"房玄龄、萧瑀对隋文帝的评价反映了一种事实。唐太宗李世民则看到人格缺陷与推行善政之间的冲突，将解决"独断一人"问题作为治政根本之一。

　　在中国历史上，解决"独断一人"问题最好的并不是唐代，而是宋代。宋代对隋文帝创立的政体进行进一步优化，推行"崇文"国策，较大程度从三省六部、科举制度的本义上推行先进的政治理念，形成了前无先例、后无来者的君主与士大夫共治天下的政治体制。宋代在制度和机构创设上注意权力分散和相互制衡，形成了一套能够发现问题、解决问题的权力运行和监督纠错机制。君主、宰执、台谏官构成中央政权的三角，它们互相限制又互相倚恃，形成共治架构。除君主外的最高权力主体分为掌政事的宰相府和掌军事的枢密院，它们共同对君主构成第一道批评机制，言事于决策之前。决策形成之后、命令下达之前，还有封驳制度制约。除了中央这一套制度以外，宋代对地方工作和地方官员的考察也有一整套防止偏差的制度。在这样的政治格局中，士大夫上升为政治主体之一，得以与君主共同探讨和制定治理国家的大政方针即"国是"，并成为执行和维护"国是"的主体。今人柳诒徵《中国文化史》一书谓："盖宋之政治，士大夫之政治也。政治之纯出于士大夫之手者，唯宋为然。故唯宋无女主、外戚、宗主、强藩之祸。"而以士大夫维系和运转整个国家机器，需要拥有制度化的士大夫儒士群体培养和生成机制。军政改革不仅迫使宋太祖、宋太宗、宋真宗等皇帝重视文治人才在更深层次、更广范围的选拔和任用，也从此形成了宋代政治对文官高度依赖的传统。大量被遴选从政的文官在治国理政方面表现出相当的能力和热情，在政治活动中的作用和影响力逐渐增强，同时也产生了更多的政治诉求。宋代君主在保持其最高决策权的情况下，愿意牺牲一部分君权。南宋楼钥《攻媿集》卷二二《雷雪应诏条具封事》指出："大臣奏事，或至于首肯；内廷请谒，未免于付外；然崇奖直臣，妙选台谏，一言可取，断在必行。"北宋明道二年（1033）仁宗开始亲政，年轻的欧阳修给刚拜右司谏的范仲淹写《上范司谏书》说："坐乎庙堂之上，与天子相可否者，宰相也。""立殿陛之前，与天子争是非者，谏官也。"提出了宋代文人政治的理想格局和模式。后来很多宋代文人都引用过这两句话，比如南宋名臣李纲的《上渊圣皇帝实言封事》等。由此循序渐进地形成了士大夫政治，使得士大夫能够与君主共治天下。

宋代君主大多能明智看待自身在政治体系中的地位，虽拥有最高决策权，但并不能乾纲独断，而要按照成文和不成文的规定履行职责，行使权力。南宋陈亮《陈亮集》卷二《论执要之道》记载，仁宗对这种政治局面有相当积极的论述："措置天下事，正不欲专从朕出。若从朕出，皆是则可，有一不然，

图1-22    故宫南薰殿旧藏传〔宋〕王霭《宋太祖坐像》（台北故宫博物院藏）

难以遽改。不若付之公议，令宰相行之。行之而天下不以为便，则台谏公言其失，改之为易。"此为睿智之见。宋代享国 320 年，至度宗止，共有 15 位皇帝实际执政（另 3 位因年幼未实际执政），其中未出现一个暴君，与皇帝遵守制度自省和克制有很大的关系。除了优化政体以外，宋代君主自觉将服从神权、誓约、道理、祖宗法、条贯、国是、经筵、史传、公议等作为自己的约束。

　　宋代另一种特别的政治是宋高宗开创的内禅圣政，它是宋代善政的有机组成部分。宋太祖在北宋开国之初便进行了以分权为核心的政治、军事制度改革。如前所述，通过君主与大臣分权形成了君主与士大夫共治天下的局面，又将相权一分为三，使军、政、财三权分立，削弱了相权。不再以三省长官为相，而以同中书门下平章事为相，以参知政事为副相，二人共理政务，不涉军务。宋代前期自尚书左、右丞和六部侍郎以上至三师（太师、太傅、太保），都有资格为同中书门下平章事，官品视其本官官阶而定。宋神宗赵顼元丰改制后，以尚书左、右仆射兼门下、中书侍郎，行侍中、中书令之职，官品为正一品。南宋高宗建炎三年（1129）后，左、右仆射同中书门下平章事为从一品。孝宗乾道八年（1172）后左、右丞相为正一品。宋代军务由枢密院负责。枢密院最高长官为枢密使，主掌军务。又设盐铁、户部和度支三司主掌财政和税收，最高长官为三司使。宋代还实行官、职、差遣分离制，通过不受资历限制的量才授职灵活用人，也防止官员专权。蔑里乞·脱脱修纂的《宋史》卷一六一《志第一百一十四·职官一》云："其官人受授之别，则有官、有职、有差遣。官以寓禄秩、叙位著，职以待文学之选，而别为差遣以治内外之事。""官"又称寄禄官、本官、正官，是一种寄禄待遇，表示禄位、品秩高低，以及荫补、赎罪、免役的特权，但无实际职掌。"职"表示品阶，是一种荣誉性虚衔，包括文官的馆职、贴职和武官的阁职、环卫。馆职与贴职是相对而言的，职事官以及其他官带馆职或殿学士者谓"贴职"或"带职"。阁职相当于文官中的馆职，宋代环卫已经失去唐代南衙诸卫职能，仅作为武臣储备人才。"差遣"是隋唐使职的发展与演变，是职事官，即实际职掌。隋唐使职主要分布在农牧业和工商业，官员资历可高可低。宋代差遣则延伸到各个部门，如中央的三司使、宣徽使等，地方的转运使、经略使等，涉及政治、经济、军事等各方面。由于有这样一套较为完备的政治建构，宋代未出现汉代、唐代以及后来的明代、清代出现过的后宫、外戚、宦官干政的问题。而宋高宗所建立的内禅圣政，不仅是对皇位终身制的突破，也对皇权和相权等进一步进行了制约，在中央集权体制下更好地防止了专制或专权，是对中国古代政治体制的一种优化。

在中国历史上，内禅并非皇位继承的主流，也非宋代所独有的政治现象，但德寿宫历史时期的内禅别具政治价值，为皇权走向提供了另一种可能。春秋战国时期、魏晋南北朝时期、唐代和宋代是内禅政治的频发期，而宋代尤其是德寿宫历史时期则将内禅政治发展到最高水平。它是宋代独特的政治文化、制度和礼法环境以及现实政治运行等诸要素机缘巧合的结果，也体现了宋高宗等人高度的政治自觉和文化自觉。北宋立国后形成典型的士大夫政治，此后的儒学复兴运动更是唤起"回向三代"的政治理想，禅让思想复苏。宋人对"祖宗之法"的崇拜和遵行也是内禅的内在推力。今人邓广铭《宋史十讲》第三讲"宋朝的家法和北宋的政治改革运动"指出："因为在夺取政权之初，对内部的篡夺成风的局势必须刹住，对外部的分崩离析局面也必须加以结束，而且还要防范其重演。赵匡胤在即位之后，在政治、军事和财政经济诸方面的立法都贯穿着一个总的原则：以防弊之政，为立国之法。"只是最高权力的传承仍为皇权控制，皇帝本人的禅位意愿是先决条件。很少有君主不贪恋权位，所以它很难被复制，因此中国古代仍难以真正构建"有限皇权"，走向宪政之路。

## 德寿重华孝慈

　　在德寿宫历史时间里，"孝慈"被强化为一种文化主题，德寿宫在一定意义上构成帝王孝道慈行的象征符号。其实德寿宫的"孝慈"还有另一层政治意义，这就是太上皇帝与皇帝两代君主政治道德的传承。《建炎以来系年要录》卷二〇〇载，在高宗内禅礼上，尚书左仆射（左相）陈康伯代表百官进奏，称颂高宗"超然高蹈，有尧舜之举"，将此次皇权交接比作尧舜禅让。孝宗即位后，拟定高宗尊号为"光尧寿圣太上皇帝"。比高宗为尧，也暗喻继承人孝宗具有舜的美德。孝宗又尊嗣母吴氏为寿圣太上皇后，乾道六年（1170）改寿圣明慈太上皇后，淳熙二年（1175）改寿圣齐明广慈太上皇后，淳熙十二年再改寿圣齐明广慈备福太上皇后。淳熙十四年太上皇帝赵构临终时，才遗诏改称皇太后。成书于南宋绍熙三年（1192）的《孝宗圣政》，不仅称孝宗"日致其孝，与舜同符"，还在广义的德行和具体的施政层面着意凸显孝宗与舜的共性。南宋时将孝宗比附为舜已约定俗成，甚至连孝宗自己也是这样自许的。《思陵录》下载，淳熙十六年（1189）孝宗禅位时，"夜来思之"，想出自觉"甚好""极切当"的"重华"为德寿宫改名。"重华"出自《尚书·舜典》，指代舜。《舜典》云："曰若稽古帝舜曰重华，协于帝。"
关于"重华"，西汉孔颖达《舜典》传又称：·"华谓文德也，
言其光文重合于尧，俱圣明。"又疏解"光文"云："此舜能
继尧，重其文德之光华。用此德合于帝尧，与尧俱圣明也。"
指"重华"为舜与尧文德光辉重合，所谓"尧舜道同，德亦如一"。
北宋文彦博在进呈哲宗的《进〈尚书〉〈孝经〉解》中，将舜
"官得其人，庶绩咸治，流放共工、骧兜，窜三苗，殛鲧四凶人，
而天下咸服"等施政举措，视作经文"重华协帝"的具体所指。
程颐《河南程氏经说》卷二《书解·舜典》认为"重华"泛指
舜之"盛德光华，与尧相袭"，暗示舜所袭尧之盛德不限于礼
乐刑政的"外王"领域，还包括心性"内圣"层面。南宋以降，
尚书学普遍继承程颐新说，不再认为"重华"专指文德。曾为
孝宗老师、后任尚书右仆射（右相）的史浩《尚书讲义》解释
说："服尧之服，诵尧之言，行尧之行，谓重华，宜矣。然非
其心协于尧，则非所谓重也。重者，言其施为皆由尧之本意也。"
将解释重心移至"重"，并强调真正的"重"在"心"同而非"迹"
同，即嗣君施政遵循先君本意，袭之于理念而非表象。这是"重
华宫"名称更广泛的"孝慈"含义。"德寿宫"之"德"的来
源或许与高宗字"德基"有关，"寿"则可能有皇帝圣寿和江
山永久的含义。后来孝宗禅位，光宗上尊号"至尊寿皇圣帝"，
省称"寿皇"。"德寿"可以看作对高宗以及孝宗、吴氏、谢
氏的表彰。"孝慈"之"德"这个因，带来了"寿"这个"福"
果。德寿宫、重华宫、慈福宫、康寿殿、重寿殿、寿慈宫等命名，
无不表达着这样一种内涵。

图1-23　复建的德寿宫屋檐

自汉代崇儒以后，孝文化逐渐作用于国体并逐步社会化。《孝经》将孝分为5类，即天子之孝、诸侯之孝、卿大夫之孝、士人之孝和庶人之孝。《孝经·天子章第二》云："子曰：爱亲者，不敢恶于人；敬亲者，不敢慢于人。爱敬尽于事亲，而德教加于百姓，刑于四海。盖天子之孝也。《甫刑》云：'一人有庆，兆民赖之。'"孔子言，以亲爱恭敬之心侍奉双亲，而将德行教化施之于黎民百姓，是为天子之孝。汉代除高祖刘邦外，其余皇帝皆以"孝"为谥号，宋代皇帝则均以"孝"为谥号。如北宋太祖谥号启运立极英武睿文神德圣功至明大孝皇帝，太宗谥号至仁应道神功圣德文武睿烈大明广孝皇帝，真宗谥号应符稽古神功让德文明武定章圣元孝皇帝，仁宗谥号体天法道极功全德神文圣武睿哲明孝皇帝，神宗谥号绍天法古运德建功英文烈武钦仁圣孝皇帝，南宋高宗谥号受命中兴全功至德圣神武文昭仁宪孝皇帝，孝宗谥号绍统同道冠德昭功哲文神武明圣成孝皇帝。孝宗赵昚因对养父高宗

图1-24　复建的德寿宫夜景

侍奉殷勤恭敬还得有"孝宗"庙号。

宋孝宗赵昚（1127—1194），初名伯琮，后改名瑗，又赐名玮，字元永，宋太祖赵匡胤七世孙，宋高宗养子。高宗和孝宗这对养父子父慈子孝，关系十分融洽。《宋史》卷三三《本纪第三十三·孝宗一》载："乙亥，内降御札：'皇太子可即皇帝位。朕称太上皇帝，退处德寿宫；皇后称太上皇后。'丙子，遣中使召帝入禁中，面谕之，帝又推逊不受，即趋侧殿门，欲还东宫。高宗勉谕再三，乃止。于是高宗出御紫宸殿，辅臣奏事毕，高宗还宫。百官移班殿门外，拜诏毕，复入班殿庭。顷之，内侍掖帝至御榻前，侧立不坐，内侍扶掖至七八，乃略就坐。宰相率百僚称贺，帝遽兴。辅臣升殿固请，帝愀然曰：'君父之命，出于独断。然此大位，惧不克当。'班退，太上皇帝即驾之德寿宫，帝服袍履，步出祥曦殿门，冒雨掖辇以行，及宫门弗止。上皇麾谢再三，且令左右扶掖以还，顾曰：'吾付托得人，吾无憾矣。'"孝宗继位后用的第一个年号是"隆兴"。《建炎以来朝野杂记》甲集卷三《典礼》载："（按：绍兴）三十二年孝宗即位逾年改'隆兴'，其说以为'务隆绍兴之政'。及学士草制，则合建隆、绍兴之义，非初意矣。"孝宗每做重大决策都会征询高宗意见。他起初每 5 日前往德寿宫向太上皇帝奉安，后来太上皇帝建议他以国事为重，不必频繁探望，才改为每月 4 次的定省之礼。孝宗前来探望时，太上皇帝让其依家人之礼在宫内下辇即可，孝宗坚持在宫外下辇。即使雨天，孝宗徒步于泥泞之中也不乘辇入宫。孝宗怕太上皇帝久居深宫寂寞，每次出游总是恭请他同行，如游四圣观、玉津园、聚景园、天竺寺、东园等。孝宗诏令每月供给德寿宫缗钱 10 万。每至太上皇帝寿诞临近，还会亲自召见礼官商讨庆贺事宜。寿诞当天命群臣前往德寿宫贺寿，并送贺礼。高宗 75 岁寿诞时即送黄金2000 两。孝宗还先后 4 次加封太上皇帝和太上皇后封号，命撰《太上皇圣政》引导世人学习。

太上皇帝病重期间，孝宗不断前往德寿宫探望。为了给太上皇帝祈福，他还大赦天下，并分派群臣前往宗庙、社稷祭祀。后来索性不上朝，专心看护。遇有大事由丞相到德寿宫禀报。太上皇帝驾崩后，诏告群臣按照以日代月的惯例为高宗守孝，自己则守孝 3 年。后在百官的一再请求下勉强听政，但开始让皇太子赵惇参与政事。淳熙十六年（1189）二月孝宗禅位于赵惇，自己当起了太上皇帝，继续为养父守孝。

孝宗之仁孝与高宗之识人和慈爱是互为因果的。高宗为康王时聘邢氏为妃，但未留下子嗣。靖康之变时邢氏被北掳，高宗登基后遥册其为皇后。建炎元年（1127）六月贤妃潘氏生子赵旉，但3岁即病亡。时高宗虽仅22岁，但在战乱时还是有必要立储以防不测，因而隆祐太后（哲宗后孟氏）和一些官员皆奏请早日立储。《建炎以来系年要录》

图1-25　故宫南薰殿旧藏《宋孝宗像》（台北故宫博物院藏）

卷五四载，绍兴二年（1132）高宗诏集英殿修撰、知南外宗正事赵令𡭊访求宗室伯字辈7岁以下者10人入宫备选。10人中又择赵伯浩、赵伯琮2人。据说"伯浩丰而泽"，伯琮"清而癯"。高宗初爱伯浩，但觉得尚需仔细考察，"乃令二人并立。有猫过，伯浩以足蹴之，伯琮拱立如故"。高宗道："此儿轻易乃尔，安能任重邪？"于是赐伯浩白银 300 两送归，收伯琮入宫，托婕好张氏抚养。后赐名瑗，时年 6 岁。赵瑗系太祖七世孙、秦王赵德芳之后、左文林郎赵子偁子。绍兴四年五月，才人吴氏请于高宗，将秉义郎赵子彦之子、5 岁的赵伯玖接入宫中抚养。数年后赐名璩。绍兴十二年正月，赵瑗被封为普安郡王。二月，已进为婉仪的张氏去世，高宗命吴氏同养赵瑗。但到三月，赵瑗就正式出阁，搬去宫外王府居住，吴氏实际上并没有养育过赵瑗。吴氏不久进位贵妃。绍兴和议成，始得邢氏死讯。绍兴十三年吴氏被立为皇后。绍兴十五年二月赵璩封恩平郡王。赵瑗与赵璩相差 3 岁，受官封王也差 3 年，故如《宋史》卷二四六《列传第五·宗室三》言："官属礼制相等夷，号东、西府。"随着岁月流逝，高宗对自己的生育能力已绝望，众多官员也一再催促立储以定"根本"，但在赵瑗、赵璩间却难抉择。高宗倾向于立赵瑗，但赵瑗因涉入政事较早，不为秦桧所喜。《宋史》卷三三《本纪第三十三·孝宗一》载，绍兴二十四年衡州（今湖南省衡阳市）民变，秦桧遣殿前司将官率千人捕之，且不入奏。高宗得此消息大惊，"明日以问桧，桧谓不足烦圣虑，故不敢闻"。秦桧后来知是赵瑗所告，"忌之"。吴氏和高宗母韦氏也反对立赵瑗。吴氏倾向于立自己抚养的赵璩，韦氏反对则与自己和吴氏的关系有关。南宋叶绍翁《四朝闻见录》乙集《宪圣不妒忌之行》云："宪圣（按：吴后）初不以色幸。自渡南以来，以至为天下母……思陵（按：高宗葬绍兴府会稽县南宋思陵，故以思陵指代高宗）念其勤劳之久，每欲正六宫之位，而属以太后远在沙漠，不敢举行……暨太后既旋銮驭，以向尝与宪圣均为徽宗左右，徽宗遂以宪圣赐高宗，太后恐宪圣记其微时事，故无援立意。上侍太后，拜而有请曰：'德妃吴氏，服劳滋久。外廷之议，谓其宜主中馈，更合取自姐姐（按：韦氏）旨。'太后阳语上云：'这事由在尔。'而阴实不欲。上遂批付外廷曰：'朕奉太母之命……德妃吴氏可立为后。'后遂开拥佑三朝之功云。"韦氏善于应变，为讨吴氏欢心在立储人选上站到了她那边。绍兴二十七年，高宗以才德俱佳的进士史浩任校书郎兼普安、恩平两王府教授，负责两郡王的教育。南宋罗濬《宝庆四明志》卷九《郡志九·叙人中·先贤事迹下》载，有一次，高宗命赵瑗、赵璩两人各写《兰亭序》500本以进。史浩乃告："君父之命，不可不敬。"数日后，史浩问赵瑗，回答是正在抄写。又问赵璩，回答是没有空闲。史浩大惊道："郡王朝参之外，何日非暇，而至违命乎？"结果赵瑗写了700本，而"璩卒无进"。又一次，高宗赐两王宫女各10人，史浩再提醒："是皆平日供事上前者，以庶母之礼礼之，不亦善乎。"一个多月后，高宗召回宫女，"具言普安王加礼如此，恩平王无不昵之者"。高宗在反复考察两人的品行和学业以后，"益贤普安王"。绍兴二十九年九月韦氏病逝，后宫反对立赵瑗的阻力减少。次年二月高宗立赵瑗为皇子，更名玮，进封建王，并以史浩为建王府直讲。

　　不过立为皇子并不意味着赵玮就可以顺理成章地继承皇位。《建炎以来朝野杂记》乙集卷一《壬午内禅志》载，绍兴三十一年（1161）九月金帝完颜亮大举南侵。次月宋高宗下诏亲征，赵玮"不胜其愤，请率师为前驱"。高宗联想到唐代"安史之乱"后李亨灵州（今宁夏回族自治区灵武市）政变即位之事，心生疑虑。史浩深谙高宗心理，于是"力言太子不可将兵"，并替他起草了"请卫从警跸，以共子职"的奏议。高宗览奏，便借口让赵玮"遍识诸将"，同意其"扈跸如建康"。完颜亮南侵失败后，紧张局势得到缓和。绍兴三十二年春，高宗将禅位意图告诉左相陈康伯和右相朱倬。《宋史》卷三八四《列传第一百四十三·陈康伯、梁克家、汪澈、叶义问、蒋芾、叶颙、叶衡》载，陈康伯"密赞大议，乞先正名，俾天下咸知圣意"。又《宋史》卷三七二《列传第一百三十一·朱倬、王纶、尹穑、王之望、徐俯、沈与求、翟汝文、王庶、辛炳》载，朱倬以为不妥，他对高宗说："靖康之事，正以传位太遽，盍姑徐之。"高宗没有采纳朱倬的意见，于五月二十八日下诏立建王赵玮为皇太子，改名昚。六月二十日下诏禅位。翌日赵昚登基，是为孝宗。

淳熙十六年（1189）二月孝宗禅位于三子光宗赵惇，不过孝宗却没有高宗的福气。光宗是个不孝子，行为荒诞，乃至酿出父子仇。孝宗与皇后郭氏生有 4 子，长子邓王赵愭，次子庆王赵恺，三子恭王赵惇，四子早夭。孝宗一直喜欢赵惇，在立储上对其早有所属，曾将自己即位前的潜邸赐予他。《宋史》卷三十六《本纪第三十六·光宗》载，赵愭立为皇太子，但不久病死。按照礼法，庆王、恭王同为嫡出，当立年长的庆王为皇太子。然而孝宗认为庆王秉性过于宽厚仁慈，不如恭王"英武类己"，决定舍长立幼，于乾道七年（1171）二月立恭王赵惇为皇太子。也有记载说立赵惇为皇太子也是太上皇帝和太上皇后的意思。《四朝闻见录》乙集《光皇御制》载："宪圣于二王中独导孝宗以光皇为储位。"又《宪圣拥立》载："宪圣既赞高宗立普安,遂定大统之寄⋯⋯及内禅光皇,实宪圣所命。"
立赵惇为储君当是两宫政治的产物。赵惇入主东宫后勤奋好学、
严守礼法,对孝宗恪尽孝道。南宋陆游《上殿札子》云:"伏
唯陛下圣孝纯至禀于天性。昔在潜邸及登储宫以来,夙夜孜孜,
何尝顷刻不以寿皇为心。寿皇罢朝而悦、进膳而美,则陛下欣
然喜动于色。寿皇罢朝而不悦、进膳而少味,则陛下愀然忧见
于色。"说孝宗情绪好时,赵惇"喜动于色",反之则"愀然
忧见于色"。孝宗也常以诗作赐予赵惇,不断提醒他继承自己
的志业。赵惇于和诗中称颂父皇功绩,表现自己的中兴大志。
这种父唱子和使孝宗颇感欣慰。赵惇小心翼翼在东宫做了十几
年孝子,年过不惑仍不见孝宗有禅位之意,终于按捺不住情绪。
《四朝闻见录》乙集《乌髭药》载,他向孝宗抱怨说:"有赠
臣以乌髭药者,臣未敢用。"说自己头发都等白了。但孝宗不
为所动,以"正欲示老成于天下,何以为此"的话加以拒绝。
南宋佚名《朝野遗记·光宗欲速得正位》又载,他向太上皇后
吴氏求助,仍没有效果。淳熙十四年(1187)十月太上皇帝赵
构驾崩,淳熙十六年二月,43岁的赵惇终于登基,孝宗成为新
的太上皇帝。

　　光宗继位初期,不仅有所作为,对孝宗也是孝敬的。如立
储之事就听从太上皇帝的意思。《建炎以来朝野杂记》乙集卷
三《宰执恭谢德寿重华宫圣语》载,绍熙二年(1191)春右丞
相留正请建储,光宗未听。"是夏,右丞相留正复请建储。上曰:
'俟过宫与寿皇议之。'既而谕正:'寿皇圣意亦欲少缓。'""自
绍兴壬午以来,又恭谢于北内。盖德寿、重华虽不以事物婴心,

图1-26　复建的德寿宫后苑景观

而为子孙得人之意则未尝替也。故凡登进大臣，亦必奏享上皇而后出命。"光宗还曾仿效孝宗侍奉太上皇帝先例，每月4次到重华宫朝见父亲，行定省之礼。偶尔也会陪太上皇帝宴饮、游赏。但是没过多久，他便开始找借口回避这种例行公事，父子间的隔阂逐渐显现。后因立储和光宗皇后李凤娘干政等事，父子间产生尖锐矛盾。光宗不仅在太上皇帝病重时不去探视，甚至太上皇帝丧礼也不肯主持。后来，光宗患了精神疾病。大臣赵汝愚、韩侂胄与太皇太后吴氏、皇太后谢氏迫其禅位。绍熙五年（1194）七月，年已80的太皇太后吴氏出面主持仪式，宣布光宗内禅，皇太子赵扩即位，是为宋宁宗。宁宗对太皇太后吴氏、寿成皇太后谢氏十分孝顺。庆元三年（1197）吴氏去世，庆元六年宁宗尊谢氏为太皇太后。

宋代皇后临朝听政都符合政治规范，乃缘于某种客观原因而被推上政治舞台（李凤娘干政未得逞），而非蓄意篡夺皇权，故未出现女主之祸。北宋真宗皇后刘氏、英宗皇后高氏、神宗皇后向氏，两宋之际的哲宗皇后孟氏，南宋高宗皇后吴氏、孝宗皇后谢氏、宁宗皇后杨氏、理宗皇后谢氏，都有功于时政。尤其是德寿宫时期的后宫干政不仅都出于公心，而且充满长辈对后辈的慈爱。

虽然专制政治总有不如意之处，但德寿宫时期的内禅圣政总体上孝慈结合，其主角大多以德名世而以寿善终。

第二篇

# 盛年禅位
# 与宋高宗的历史世界

# 罕见的本愿禅位

中国古代皇（王）位承袭有一种禅让制。禅让在本义上指君主自愿让出权位，以使贤能取代自己进行统治。禅让分外禅和内禅两种，外禅是禅让于非血统外姓的继承制，内禅是禅让于同姓血亲的世袭制。内禅又可细分为父子或兄弟之间的顺禅和传于旁系的旁禅两种。外禅最典型的是传说中的尧、舜、禹传位。而即便是传说，也有人质疑。战国文献《古本竹书纪年·五帝纪》云："尧之末年，德衰，为舜所囚。""舜囚尧，复偃塞丹朱，使不与父相见。""舜篡尧位，立丹朱城，俄又夺之。""后稷放帝朱于丹水。"同时期的韩非《韩非子·说疑第四十四》也言："舜逼尧，禹逼舜，汤放桀，武王伐纣。此四王者，人臣弑其君者也，而天下誉之。察四王之情，贪得人之意也；度其行，暴乱之兵也。"说舜、禹其实都是废君篡位。尧年老后威望降低，舜趁机将其囚禁于平阳。不久后舜又将其子丹朱囚禁，使他们父子无法相见，最终夺取了帝位。后稷将丹朱流放到丹水，是帮凶。后来禹因治水有功，威望日增，又夺了舜的帝位。他将舜流放到苍梧，舜最终死于苍梧。舜的两个妃子娥皇、女英双双跳入湘水殉情。而后来真实发生的外禅则基本都是打着受

图2-1　故宫南薰殿旧藏〔宋〕马麟《大禹像》（台北故宫博物院藏）

禅名义行篡位之实，如战国时期燕国子之的欺诈夺权，西汉末期王莽、东汉末期曹丕、曹魏末期司马炎、北周末期杨坚等的逼宫夺权，甚至改朝换代。《战国策·秦策一·卫鞅亡魏入秦》载："孝公行之八年，疾且不起，欲传商君，辞不受。"秦吕不韦《吕氏春秋·审应览第六·不屈》又载："魏惠王谓惠子曰：'上世之有国，必贤者也。今寡人实不若先生，愿得传国。'惠子辞。王又固请曰：'寡人莫有之国于此者，而传之贤者，民之贪争之心止矣。欲先生之以此听寡人也。'惠子曰：'若王之言，则施不可而听矣。王固万乘之主也，以国与人犹尚可。今施，布衣也，可以有万乘之国而辞之，其止贪争之心愈甚也。'"说战国时期的秦孝公欲禅位于商鞅，魏惠王欲禅位于惠施。这多半是用来提升君王声誉的政治游戏。东汉班固《汉书》卷九三《佞幸传第六十三》载，西汉哀帝欲禅位于自己宠幸的美男董贤，则上演了一出荒诞剧。或许中国历史上并不存在真正的外禅。而真正出于君主本愿的内禅其实也十分罕见，大部分内禅都是权力斗争失败者的被迫选择，是政变的结果。

中国古代大致有春秋战国、魏晋南北朝、唐代和宋代4个内禅频发期。学界多将清顾炎武《日知录》卷一四之说引为内禅之始："内禅：《左传》：'晋景

图2-2　范祥雍《古本竹书纪年辑校订补》（上海人民出版社1957年版）

公有疾，立太子州蒲为君，会诸侯伐郑。'《史记》：'赵武灵王传国于子惠，文王自称主父，此内禅之始。'"而据春秋左丘明《左传·庄公四年》等记载，早在鲁庄公三年（前691）齐国欲攻占纪国，纪侯之弟纪季为保纪国5庙，只得携领地酅归顺齐国。次年纪侯被迫禅位于纪季，纪国为齐国所吞并。赵武灵王赵雍与原王后韩氏生有王太子赵章。韩氏去世后，赵武灵王十分宠爱第二位王后吴娃，废赵章改立其所生子赵何为王

太子，并禅位于他，是为赵惠文王。赵雍自称主父。后来赵雍对赵章心怀歉疚，主要是想利用赵章分制赵何收回权力，封赵章为代王，打算将赵国一分为二，让赵王、代王两王并立，自己以主父的身份凌驾于两王之上，重新掌控朝政。后来两王相斗，赵章失败，逃到赵雍所在离宫沙丘宫。赵成（公子成）、李兑等将他们围困3个月，赵雍被饿死。

魏晋南北朝是继春秋战国之后又一个内禅频发期。后凉世祖吕光病重时禅位于王太子吕绍，是为凉隐王。北魏献文帝拓跋弘受皇太后冯氏逼迫生出世之心，欲禅位于叔父京兆王拓跋子推，遭群臣反对。后禅位于4岁的王太子拓跋宏，是为孝文帝。群臣以新帝年幼，不能处理朝政，请拓跋弘摄政，并上尊号太上皇帝。拓跋弘迁居崇光宫，但仍掌管朝政。这时他才18岁。拓跋弘后来还进行了一系列政治改革，并带兵征讨柔然。其23岁时离奇死于平城永安殿，传为冯氏鸩杀。北魏末年傀儡皇帝建明皇帝元晔禅位于节闵帝（前废帝）元恭，后废帝元朗又禅位于孝武帝（出帝）元修。北齐武成帝高湛因现彗星禅位于年仅10岁的皇太子高纬，是为齐后主。武成帝自称太上皇帝，仍掌实权。齐后主高纬因被北周军队围困，又禅位于8岁的皇太子高恒。25天后高恒又禅位于大丞相、任城王高湝。不久北齐亡。北周宣帝宇文赟禅位于7岁的皇太子宇文阐，是为周静帝。宇文赟自称天元皇帝，仍掌实权。唐代内禅多集中于中期以前，加上武则天，先后有6位皇帝禅位。第一位是唐高宗李渊。因其次子秦王李世民发动"玄武门之变"杀死皇太子李建成篡位被迫禅位。唐太宗李世民为保全名节，尊李渊为太上皇帝。李渊做了 10 年太上皇帝后郁郁而逝。第二位是武则天。她作为唐中宗、唐睿宗的皇太后临朝称制，后改国号为周，自称圣神皇帝。宰相张柬之发动"神龙革命"，武则天被迫禅位于皇太子李显，是为唐中宗。中宗为武则天上尊号"则天大圣皇帝"。第三位是唐少（殇）帝李重茂。唐中宗李显暴卒，皇后韦氏立温王李重茂为帝，临朝称制。但不足一个月，临淄王李隆基和太平公主联手发动"唐隆政变"，诛杀了韦氏、安乐公主和上官婉儿等。李重茂禅位于李旦，20 岁即去世。第四位是唐睿宗李旦。李旦即位 3 年后迫于压力禅位于皇太子李隆基，是为唐玄宗。李旦做了 5 年太上皇帝，在孤寂中死去。第五位是唐玄宗李隆基。"安史之乱"中皇太子李亨在灵州宣布即位，是为唐肃宗。肃宗遥尊李隆基为太上皇帝。李隆基做了 6 年太上皇帝后凄惨死去。第六位是唐顺宗李诵。他即位时身患重疾，宦官俱文珍反对其与王叔文、柳宗元等搞的永贞革新，联合几方势力胁迫其禅位于皇太子李纯，是为唐宪宗。顺宗在位 8 个月即成为太上皇帝，宪宗在即位后的次年去世。魏晋南北朝和唐代的内禅，除个别因轻薄时务、迷信天象外主要是权力斗争所迫，与游牧民族政权不重尊序也有关。

内禅政治在元、明、清时期渐趋消失。明、清两代各有一人禅位，原因与其他朝代有所不同，政治学意义不大。明英宗朱祁镇在瓦剌之战的"土木堡之变"中被俘，兵部尚书于谦等拥立朱祁钰为帝，是为明代宗。代宗遥尊朱祁镇为太上皇帝。1 年后明朝与瓦剌议和，朱祁镇返回北京，做了 7 年太上皇帝。后乘代宗病重在"夺门之变"中复辟，重登皇位。清高宗爱新

图2-3　故宫南薰殿旧藏《清高宗像》(台北故宫博物院藏)

觉罗·弘历曾承诺在位时间不能超过清圣祖爱新觉罗·玄烨的61年,于登基60年时禅位于皇太子爱新觉罗·颙琰,自称太上皇帝。不过清仁宗颙琰仍暂居毓庆宫,高宗实际掌政,直至3年多后以89岁高龄去世。

中国历史上最具政治学意义的内禅是宋代内禅。宋代四帝五禅,频率相当高,不过内因和效果却与其他朝代大不相同。自北宋真宗未然内禅后,徽宗、高宗、孝宗和光宗连续5次内禅(高宗2次)。这不仅使皇位继承相对顺利,而且形成了一种健康的政治生态。真宗赵恒晚年得风疾,皇后刘娥和参知政事丁谓、翰林学士钱惟演等操控朝政。右相(尚书右仆射)寇准建议请皇太子监国,事泄后刘娥罢其为太傅,封莱国公。宦官周怀政图谋杀丁谓、废刘娥,逼真宗禅位于皇太子赵祯(后来的仁宗),事泄,周怀政被杀。这是一次未然内禅。北宋末期,宋金联合灭辽后,金人以宋朝背盟大举南侵,对东京开封形成合围之势。徽宗赵佶被迫禅位于皇太子赵桓，是为宋钦宗。赵佶成了太上皇帝。不久赵佶和赵桓双双被北掳，史称"靖康之难"。父子二人最终客死他乡。南宋建炎三年（1129）金军追杀高宗，高宗由扬州逃往杭州。扈从统制苗傅和威州刺史刘正彦扈从保驾，自负有功，对高宗宠信御营都统制、枢密使王渊和宦官康履等不满，以清君侧为名发动"苗刘兵变"，逼迫高宗禅位于2岁的皇太子赵旉，以隆祐太后垂帘听政，尊高宗为"睿圣仁孝皇帝"，改元明受。1个月后刘光世、张浚、韩世忠、张俊、

图2-4　故宫南薰殿旧藏《宋徽宗像》（台北故宫博物院藏）

吕颐浩等勤王平叛，高宗得以复位。绍兴三十二年（1162）高宗主动禅位于养子赵昚，是为宋孝宗。高宗自称太上皇帝，直至81岁高龄去世。淳熙十六年（1189）孝宗主动禅位于皇太子赵惇，做了6年太上皇帝。光宗赵惇体弱多病，后期甚至精神失常，皇后李凤娘干政。绍熙五年（1194），知枢密院事赵汝愚，汝

州防御使、知阁门事韩侂胄与太皇太后吴氏、寿成皇太后谢氏迫其禅位,传位于皇太子赵扩,是为宋宁宗。光宗做了7年太上皇帝。

历史上自愿禅位的仅宋高宗、宋孝宗和清高宗,而清高宗并未实际交权,所以真正主动自愿禅位的仅宋高宗和宋孝宗。宋高宗又是做太上皇帝时间最长的,达25年。关于宋高宗禅位的原因,学界有许多不同揣测,如所谓恐金心理、顺应民意还位于太祖一系、尽早施恩孝宗等。《建炎以来朝野杂记》乙集卷一《壬午内禅志》载,绍兴三十二年(1162)六月二十日高宗让洪遵草拟御札云:"朕宅帝位三十有六载,荷天之灵,宗庙之福,边事寝宁,国威益振。唯祖宗传绪之重,兢兢焉俱不克任,忧勤万机,弗遑暇逸。思欲释去重负,以介寿藏。蔽自朕心,亟决大计。皇太子眘贤圣仁孝,闻于天下,周知世故,久系民心。其从东宫,付以社稷,唯天所相,非朕敢私。皇太子可即皇帝位,朕称太上皇帝,退处德寿宫。皇后称太上皇后。一应军国事,并听嗣君处分。朕以淡泊为心,颐神养志,岂不乐哉?尚赖文武忠良同德合谋,永底于治。"《宋史》卷一一〇《志第六十三·礼十三》又载,高宗言:"朕在位三十六年,今老且病,久欲闲退。此事断自朕心,非由臣下开陈,卿等当悉力以辅嗣君。"高宗身体强健,56岁年纪也不算太大,称"老且病"显然是饰词。高宗禅位前南宋军队刚在采石之战中大败金军,完颜亮为部将所杀,人心振奋,高宗自无恐金心理。高宗禅位时社会平稳、经济繁荣,正值南宋发展的黄金期。高宗禅位后也并没有躲在深宫不问朝政,而是与孝宗共商国是、忧勤国事,自然也非"久欲闲退"。北宋太祖赵匡胤按"金匮之盟"传位于太宗赵光义。《宋史》有好几处提到"金匮之盟"。其中卷二四二《列传第一·太祖母昭宪杜太后传》云："建隆二年，太后不豫，太祖侍药饵不离左右。疾亟，召赵普入受遗命。太后因问太祖曰：'汝知所以得天下乎？'太祖呜噎不能对。太后固问之，太祖曰：'臣所以得天下者，皆祖考及太后之积庆也。'太后曰：'不然，正由周世宗使幼儿主天下耳。使周氏有长君，天下岂为汝有乎？汝百岁后当传位于汝弟。四海至广，万几至众，能立长君，社稷之福也。'太祖顿首泣曰：'敢不如教。'太后顾谓赵普曰：'尔同记吾言，不可违也。'命普于榻前为约誓书，普于纸尾书'臣普书'。藏之金匮，命谨密宫人掌之。"杜太后对宋太祖说，后周世宗柴荣去世后幼子继位，你才取得皇位。为了避免这种情况再发生，你应该将皇位传于弟弟。此说令人怀疑，所以历史上也有太宗弑兄篡位之说。太宗继位后逼杀了三弟赵廷美和太祖二子赵德昭、赵德芳，北宋一脉均为太宗系。北宋末太宗一系大部分被北掳。金人可恭《宋俘记》载："既平赵宋，俘其妻孥三千余人，宗室男、妇四千余人，贵戚男、妇五千余人。"虽然高宗的兄弟子侄团灭，但当时太宗系势力还是最强的。高宗综合考量各种因素，最终选择太祖二子赵德芳六世孙赵昚作为养子。赵昚入宫 30 年，36 岁时被定为皇太子并继位。高宗是经过长时间考察才做出传位决策的。

　　高宗禅位是综合权衡的结果，主要应当是出于稳定政局、改良政治的考虑，他节制权力欲，牺牲个人利益，做出这一中国政治史上绝无仅有的决定。中国古代存在的君臣争权、权臣争斗、宦官或后宫干政、藩王割据等诸多政治隐患，宋代基本没有。这与宋太祖的政治建构有关，与宋高宗的政治再建构也有关。

# 和战是非论的一个证据

　　不少人将高宗主和不主战的原因归结为迎回徽宗、钦宗二帝会威胁自己的皇位。《建炎以来系年要录》卷二一载："（按：康）履既死，上谕（按：苗）傅等归寨。傅等因前出不逊语，大略谓：'上不当即大位，将来渊圣皇帝来归，不知何以处？'""苗刘之变"时苗傅就说高宗帝位来路不正，若钦宗（高宗遥尊赵桓为孝慈渊圣皇帝）南归则无以自处。徽宗、钦宗二帝若真的归来，当然是一个政治难题。但从历史经验和当时的政治现实来看，高宗也无须让位，他的帝位是自己争得的。徽宗已是退位的太上皇帝，并且密谕让高宗继位，钦宗则无能力也无资本提出这种要求。他们归来也只能安享一些皇室待遇。其实这在当时已是共识。岳飞写给高宗的《乞出师札子》对钦宗即以"天眷"相称："异时迎还太上皇帝、宁德皇后梓宫，奉邀天眷以归故园。""天眷"意为皇帝亲戚。如果高宗马上让位，可能会引来政权动荡，朝臣也不会同意。所以苗傅所论并不能成立。而从高宗后来禅位来推理，他也绝非贪恋权位之人，绝不会以此私心耽误安邦定国大业。和议当是他对时势全面权衡后的决策。

　　有关中原王朝与北方游牧民族政权的和战之议充斥整个宋

图2-5　复建的德寿宫庭院

代，也是时至今日仍争论激烈、经久不衰的话题。北宋与辽（契丹）和西夏发生过几次较大的战争，以太宗时的高粱河之战和雍熙北伐最为有名。南宋则有绍兴北伐、隆兴北伐、开禧北伐等。北宋著名的和议有宋辽澶渊之盟（后又有庆历增币）、宋夏庆历和议、宋金宣和和议等，南宋则有宋金绍兴和议、隆兴和议、嘉定和议等。

和战是当时统治集团通过论争和权衡做出的选择，都有其历史必然性。其实在今日而言，当时的和战双方都属于中华民族大家庭，和战是中华民族的内部问题。

许多国人有汉唐盛世情结。汉唐建立了大一统帝国，国土甚为广大，但汉朝最终仍为魏晋南北朝分裂，唐朝也被五代十国肢解。汉唐的盲目扩张、穷兵黩武还给中华民族带来巨大灾难。《汉书》卷七《昭帝纪第七》载，汉武帝与匈奴进行了长达几十年的战争，致使"海内虚耗，户口减半"。北宋司马光《资治通鉴》卷二二《汉纪十四》指出："臣光曰：孝武穷奢极欲，繁刑重敛，内侈宫室，外事四夷，信惑神怪，巡游无度，使百姓疲敝，起为盗贼，其所以无异于秦始皇几矣。"赞赏汉武帝的司马光也对他进行了严厉批评。司马光对唐代的战争也多有批评。

中国古代中原政权与北方游牧民族政权的战争大致可以唐代为界分为两个阶段。唐代以前的战争主体是秦、汉对匈奴，隋、唐对突厥；唐代以后则是北宋对辽、金、西夏，南宋对金和蒙古，明朝对蒙古和满洲。唐代以前基本是中原政权完胜。汉朝胜匈奴，匈奴政治主体或被消灭或远窜。唐朝胜突厥，唐太宗时灭东突厥，唐高宗时灭西突厥。唐代以后中原政权败绩较多。北宋对辽国和西夏一直负多胜少，后被金国所灭。南宋对金国一直被动，后被蒙古国所灭。明朝虽然将元人赶出了中原，但终明一朝近 300 年间蒙古国一直是明朝的严重威胁，双方征战互有胜负，最后被清所灭。这与历史大势变化有关。汉朝的匈奴、唐时的突厥并不是真正的国家，还只是部落联盟或游牧民族。部落联盟形态的统治集团在权力分配和传承时容易产生内部混乱，政权不稳定。汉代匈奴最终处于下风的根本原因是其内部争斗，而非武帝的征战。匈奴由盛而衰的关键是"五单于争立"，突厥最强时也有突利和颉利两可汗并雄争权。而未经汉化的游牧民族南侵的目的主要是抢劫资源，并非灭掉南方政权和抢占领土。但宋朝的北方敌人辽、金、西夏、蒙古都是汉化的半农业文明国家。辽早于北宋 50 年建国，不仅接受高丽、回鹘以及中国南方一些政权称臣进贡，还接管了后晋高祖石敬瑭割让的燕云十六州。游牧民族建立专制国家以后，都用两面官制即南北面官制（官员分汉人南面官和本族北面官两套官制）进行统治，政权稳定且强大。辽、蒙古的版图面积也超过宋朝。南宋李焘《续资治通鉴长编》卷一五〇云："自契丹侵取燕蓟以北，拓跋自得灵、夏以西，其间所生豪英皆为其用。得中国土地，役中国人力，称中国位号，仿中国官属，任中国贤才，读中国书籍，用中国车服，行中国法令，是二敌所为，皆与中国等。"游牧民族对中原王朝的优缺点了解透彻，再加上保有原有的血性和强悍，战胜中原政权的概率大大提高。它们军事上占优势还表现在以纯骑兵对战中原步兵上。这种优势在唐代以前也存在，但是秦、汉、隋、唐都较好地解决了这个问题，如获取良马发展骑兵等。宋朝没有燕云十六州和西北马场，这方面无优势。宋朝在其他方面也曾努力仿效，但都无效。如汉将卫青、霍去病与匈奴漠北决战时的车阵加弩箭，唐将苏定方灭西突厥时的矛林加铁骑，宋人拿来对付金人和蒙古人就不管用。如果将强汉或盛唐挪到宋、明历史节点上，结局可能也差不多。而北宋开始又进入寒冷期，对北方发展农业不利。游牧民族南侵的目的已不是简单的抢夺资源，而是争夺地理空间。因而战争规模升级，动辄举国作战。由于实力相差不大，战争又趋于持久，对各方都是残酷的消耗。辽、金、西夏亡于这种战争对经济的消耗，宋也是如此。蒙古崛起于宋代，它是更为强大的战争机器。在横扫欧亚大陆以后，与宋朝殊死决战。

　　汉唐都是在统一王朝的基础上建立的。汉朝的前身是秦朝，唐朝则继承了隋朝的衣钵。在它们立国之前，秦朝灭六国和隋朝平南北已经完成大一统伟业，结束了国家分裂混战的局面。宋朝通过陈桥兵变和平继承了后周国祚，但后周只是五代十国中的一个小国。宋太祖清楚地了解这一事实，所以开国后不轻言战争，他知道北伐很难有取胜的把握。况且燕云十六州被辽国统治太久，当地人已认同其统治，即便收复了，后期统治也很困难。所以他与赵普"雪夜定策"，确定了"先南后北"即"先易后难"的策略。南宋王称《东都事略》卷二三《列传六》载，太祖曾对太宗说："中国自五代已来，兵连祸结，帑藏空虚。必先取巴蜀，次及广南、江南，即国用富饶矣。河东与契丹接境，若取之，则契丹之患我当之也。姑存之，以为我屏翰，俟我富实则取之。"对于什么是当务之急，什么该徐图进取，太祖有较好的认识和把握。他通过招抚与小规模战争统一南方，针对辽国则提出和平解决方案。他在开封设立"封桩库"，每年存进一些财政盈余，计划存够500万匹彩绢后与辽国谈判将燕云十六州赎回来。如果辽国不答应，就用这笔钱财做军饷武力收复。只是太祖英年早逝，没有完成这个计划。

太宗未坚持太祖的策略，发起北伐。而在雍熙三年（986）发动的收复燕云十六州的雍熙北伐失利后，北宋对辽就一直心存畏惧，逐渐由主动进攻转为被动防御。相反，辽对宋却步步进逼，不断南下侵扰。景德元年（1004）秋，萧太后与辽圣宗亲率大军南下深入宋境。不少宋臣主张避敌南逃，真宗也想南逃，因宰相（同中书门下平章事）寇准力劝才移驾至澶州（今河南省濮阳市）督战。宋军坚守，又在澶州城下以三弓床弩（八牛弩）射杀辽主将萧挞凛。辽通过降辽旧将王继忠与宋议和。

图2-6　故宫南薰殿旧藏《宋真宗像》（台北故宫博物院藏）

据《续资治通鉴长编》卷一三七，真宗派曹利用前往辽营谈判，与辽订立和约：辽宋约为兄弟之国，宋每年送给辽岁币银10万两、绢20万匹，宋辽以白沟河为边界。因澶州在宋朝也称澶渊郡，所以这个和约又称"澶渊之盟"。此后120多年间宋辽两国未再发生大规模战事，互使达380多次。辽边地发生饥荒，宋也会赈济。

北宋末期，中原地区被金国占领，不仅丧失大量国土，人口也损失不少。面对比辽国更强大的金国，南宋进行了有效抵抗。绍兴八年（1138）宋金达成和议。不久金朝发生政变，新执政者完颜宗弼（金兀术）毁约再度侵宋。绍兴十一年实现第二次议和，即绍兴和议，宋金双方维持了近20年的平稳关系。绍兴三十一年，金海陵王完颜亮重开战端，宋金双方各有胜负。高宗于绍兴三十二年禅位于孝宗。孝宗起用老将张浚为枢密使主持隆兴北伐，符离之

图2-7　《景德四图》之《契丹使朝聘》（台北故宫博物院藏）

战却遭大败。隆兴二年（1164）宋金第三次议和。此次议和后，金因受制于蒙古国再也无力大规模南犯，且终于理宗端平元年（1234）亡国。

从宏观层面看，北宋和南宋的灭亡都缘于对唐以后的战略全局判断的失误。北宋末发生靖康之难。导致靖康之难的原因很多，学界多有探讨。其中宋朝的战略失误是主要原因之一。宣和二年（1120）宋朝与金朝达成"海上之盟"，宋以收复燕云十六州为条件助金灭辽。宣和四年宋金合力出兵灭辽，但结果是辽亡后宋失去了战略屏障和外力牵制，金得以全力灭宋。南宋末又一次因战略失误导致南宋政权灭亡。宝庆三年（1227）四月，蒙古成吉思汗见西夏灭亡已成定局，遂挥师攻金，连破临洮（今甘肃省临洮县）等地。明宋濂等修纂《元史》卷一《本纪第一·太祖》载，七月成吉思汗病卒。临终遗嘱："若假道于宋，宋金世仇，必能许我，则下兵唐、邓，直捣大梁。"端平元年（1234）宋助蒙古灭金。然而灭金后，因失去外力牵制，元朝（1271年忽必烈建立元朝）得以全力灭宋。有的学者认为，联蒙灭金是因当时的时局而迫不得已，如有较早的战略谋划就不会这么被动。

在中原王朝与游牧民族政权的军事征战对抗中，出现了许多著名的主战将领。如北宋的狄青、曹彬、宗泽、杨业等，南宋著名的"中兴四将"岳飞、韩世忠、张俊、刘光世以及刘锜、辛弃疾、孟珙、文天祥等。杨家将、岳家军、韩家军更是家喻户晓。他们英勇善战、精忠报国的英雄事迹一直被传唱。如前所述，长期以来学界和社会上对宋朝有一种较负面的历史评价，如所谓"积贫积弱""重文抑武"，对南宋王朝更常常习惯性扣以"偏安一隅""投降派"等刻板评价。主和的历史人物大多受到贬抑或批判，反映主和思想的文学艺术作品则被丑化。这是不客观、非公允的。"重文抑武"就未必符合事实，宋代其实一直保有强大的军事力量。《水浒传》中林冲是东京80万禁军教头。据学界估算，实际上北宋真的常年维持约80万中央禁军规模，南宋也有70万左右的军队。地方上还有大量厢军。每年军费开支

图2-8　传〔宋〕李唐《晋文公复国图》局部（美国大都会艺术博物馆藏）

占财政收入的七八成之多，乃至造成巨大的财政赤字。邓广铭《北宋的募兵制度及其与当时积弱积贫和农业生产的关系》一文估算，11世纪中期北宋全国禁、厢军数量高达120万。当时一个禁军步卒的标准待遇为每年约50贯，按此计算养兵费用占当时国家财政岁入的70%至80%。南宋的军费开支比重与之相当。又北宋沈括《梦溪笔谈》卷三《辩证一》指出："器仗铠胄，极今古之工巧；武备之盛，前世未有其比。"和战是军事、经济、民生等综合博弈和考量的选择。今人徐规为何忠礼、徐吉军《南宋史稿》（政治军事文化编）所作序指出："如在和战问题上，以往史家常常是无条件地赞美抗战，反对妥协，把一切主张妥协的人都归入投降派的行列。本书作者却认为，对提出妥协的人必须做具体分析。如果在敌强我弱，或强弱相当的形势下，为争取喘息时间，与敌人做些妥协，以为后图，亦未尝不可，他们实质上与真正的抗战派并无两样。从历史上看，绝大多数和议的签订，都是双方军事力量和经济力量达到某种平衡的产物。一旦这种平衡局面遭到破坏，要继续维持和议就不可能，即使绍兴和议也不例外。那种以为南宋有力量收复中原的看法，有对宋、金国情缺乏了解的偏颇。绍兴和议当然对南宋有不良影响，但是它使大规模的战争得以停息，为南宋政权的休养生息、积蓄力量、报仇复国赢得了时间，在客观上有其一定的积极作用。"宋金对抗，战是必要的，军事实力是保全政权的重要前提，同时也是和议的砝码。正因为宋朝具备军事实力，才能与金达成和议。和议成功，证明宋朝并未偏废武功。曾经坚决主战的金朝第一猛人完颜宗弼最后主持绍兴和议，正因为他探明了宋朝的实力。而在对峙之间，和议又是保全实力或积蓄战斗力的基础，是取得战争胜利的前提。和议为宋朝争取了更多的生存时空。南宋这个被认为羸弱的"偏安王朝"最后迸发了惊人的战争能力。从端平二年（1235）大规模南侵开始算起，至祥兴二年（1279），强大的蒙古灭宋花了约44年。如果从宝庆三年（1227）蒙古入侵四川算起，则有约52年。而蒙古人灭西夏和金仅花了约23年。

南宋政权是宋高宗开创的，其建国思想对南宋影响巨大。如果对其全盘否定，整个南宋存在的合理性也就一同被否定了。需要还原一个真实的南宋。《宋史》卷三二《本纪第三十二·高宗九》云："高宗恭俭仁厚，以之继体守文则有余，以之拨乱反正则非其才也。况时危势逼，兵弱财匮，而事之难处又有甚于数君者乎？君子于此，盖亦有悯高宗之心，而重伤其所遭之不幸也。然当其初立，因四方勤王之师，内相李纲，外任宗泽，天下之事宜无不可为者。顾乃播迁穷僻，重以苗、刘群盗之乱，权宜立国，确乎艰哉。其始惑于汪、黄，其终制于奸桧，恬堕猥懦，坐失事机。甚而赵鼎、张浚相继窜斥，岳飞父子竟死于大功垂成之秋。一时有志之士，为之扼腕切齿。帝方偷安忍耻，匿怨忘亲，卒不免于来世之诮，悲夫！"这种评价较为流行。而真实的高宗不仅颇有谋略，而且颇多政治建树。正是由于他积极抗金，才建立了南宋政权。绍兴和议缔结前后，为了重构南宋社会，他竭力推行"倡仁孝""止兵革""贵清静"政策，争取稳定局势。特别是在加大力度推进民事、发展经济方面取得了一定成就。韩世忠曾送一匹宝马给他，高宗以宫中用不着骑马婉拒。据说献马被拒后，韩世忠请求高宗将朝廷拖欠的俸资发下来。高宗很诧异，马上调查。一查才知道，由于连年打仗，财政已极度匮乏，除孟太后能够按时按量支取俸禄，其他人的俸资都或多或少地被拖欠了。百姓的日子更苦了，临近边界的地区一直在打仗，不靠近边界的地区，为了给前线输送钱粮，一直在加税。

应当从积极的历史作为这个角度来客观评价宋高宗。作为庶出皇子的他，没有受过多少针对承继大统的训练，没有势力也没有带过兵，却在国家危难之际，以 22 岁的年纪率领一批临时拼凑起来的文官武将，不断破解金兵的追击、伪齐和国内盗寇的骚扰，硬是建立起了强大的南宋政权，延续了大宋国祚。站在宋代历史乃至整个中国历史的宏观角度来看，宋高宗以其个人在屈辱间的不懈努力，使濒临覆灭的宋朝在约原来 3/5 的国土里延续了 153 年，比之于顺风顺水条件下取得成就更加不易和智高一筹。盛年禅位更是进一步证明他达到了别一种政治境界。

# 宋高宗与南宋的历史存在

宋高宗赵构（1107—1187），字德基。生母韦氏原籍会稽（今浙江省绍兴市），后来移居开封，入端王府做侍御。相传曾为苏颂侍女。民国许慕羲《宋代宫闱史》第七十七回《受册封迎还母后　贪富贵假冒帝姬》云："韦太后，本会稽人氏。绍圣时，苏颂以宰相致仕，居于丹阳。有韦姓女二人，本属姊妹。其姊不愿事人，遂出家为尼；其妹年尚少，给事苏颂。颂以其品貌端庄，欲纳为妾。及登榻，即通夜遗溺不止。苏颂道：'此乃贵人之相，非我家所宜留。'遂命之入京。恰值哲宗选室女二十人分赐诸王，韦太后得入选，分赐端邸。太后即入端邸，与乔贵妃相叙为姊妹，誓共荣辱。及徽宗以端王嗣位，乔贵妃先得临幸，顾念旧约，荐太后于徽宗。才一临幸，即生高宗。金人入寇，劫帝北去，乔贵妃与太后皆从行。至是和议成，乃许与徽宗梓宫俱归。"所说与宋代文献相合，后段与《宋史》卷二四三《列传第二·后妃下》所记也同。端王赵佶后来登上皇位，是为宋徽宗。韦氏成为宫女，受徽宗宠幸生下赵构。不过徽宗风流成性，据《宋史》宗室传和公主传记载，"靖康之变"前已有 31 子、34 女。赵构为其第九子，并不受重视。史载

图2-9　故宫南薰殿旧藏《宋高宗像》（台北故宫博物院藏）

赵构文武双全、才艺过人。《宋史》卷二四《本纪第二十四·高宗一》载，赵构"资性朗悟，博学强记，读书日诵千余言"。又善骑射，"挽弓至一石五斗"，超过一般的武士。宋代1斗约合今12斤，"一石五斗"有180斤左右。北宋宣和三年（1121）赵构进封从一品的康王，这或许是徽宗对其努力的肯定和鼓励。

宣和七年（1125），金太宗完颜晟（完颜吴乞买）下诏，以弟完颜杲为统帅，分东西两路南侵。西路军由完颜宗翰（完颜粘罕）为左副元帅，东路军以完颜宗望（完颜斡离不）为南京路都统。十二月二十三日，徽宗得悉东路军已准备渡河，假装患病，禅位于皇太子赵桓，是为宋钦宗。徽宗自称教主道君太上皇帝，退居龙德宫。靖康元年（1126）正月初三，徽宗见东路军已逼近开封，便带领亲信逃往南方。开封被围困后，钦宗派人赴金营求和。李纲《靖康传信录》卷上载，完颜宗望提出十分苛刻的议和条件："（按：输金五百万两、银五千万两、绢采各一百万匹、牛马各一万头，尊金主为伯父，归燕、云之人，割太原、中山、河间三镇归金，以亲王、宰相为质，乃退师。"钦宗只得先答应。《宋史》卷二四《本纪第二十四·高宗一》载，当征询诸王意见时，唯赵构"慷慨请行"。正使康王赵构和副使右相（少宰兼中书侍郎）张邦昌一行到达金营，被扣为人质。金军获得一些财物后暂时退兵。钦宗随后想毁约，又遭到围攻，只得再请谈判。当时张邦昌恐惧涕泣，赵构却十分镇定。这之前他与金将习射，三矢连中，金人即疑其为将家子弟。此时完颜宗望更怀疑康王为假，于是提出以肃王赵枢换康王，并以驸马都尉曹晟同行。赵构被放回。天气渐热后，完颜宗望挟赵枢、张邦昌等人质回师。金兵走后，钦宗将徽宗迎回开封，处死其亲信童贯、蔡攸等人，以防徽宗复辟。八月初七，金太宗以宋朝没有履约，命完颜宗望和完颜宗翰分率东、西两路金军再次南侵。东路军长驱直入，西路攻破太原后也乘胜南下。十一月十六日，钦宗再派康王赵构出使河北金营求和。赵构于二十日到达黄河边上的磁州（今河北省磁县），知州宗泽劝其留在磁州主持抗金。赵构随即逗留相州。十二月初一开大元帅府于相州，广招兵马，人数很快达到1万余。靖康二年二月二十三日又退到济州（今山东省巨野县），集结8万余人。金朝三月初七册立张邦昌为皇帝，在开封建立大楚傀儡政权。然后于三月二十七日和四月初一分两批撤军，掳徽、钦二帝和皇室宗亲、部分大臣北归。金军一撤，大楚政权立即瓦解。五月初一赵构在南京应天府（今河南省商丘市）即位，建立南宋政权，改元建炎。自建炎元年（1127）到绍兴三十二

图2-10　故宫南薰殿旧藏《宋钦宗像》（台北故宫博物院藏）

年（1162）禅位，高宗执政36年，大致可分为前期政权保全和后期政权巩固两个阶段。

后代不少人批评乃至嘲笑高宗建立南宋政权后不断逃亡，斥之为"投降派"，甚至称其为"逃跑皇帝"。而从历史情势来看，南宋政权初创时内外交困，外敌是强大的战争机器金国，内部不仅集结的人马不多，政权不稳，还有接连不断的兵民反叛，充满内患。高宗只是充分利用金人怕热不怕冷的季节时间差和避入荒蛮的空间差在夹缝中求生存。如果不逃亡，无异于鸡蛋碰石头，自取灭亡。《建炎以来系年要录》卷二六录有赵构致金左副元帅完颜宗维（完颜宗翰）的《与元帅书》，云："古之有国家而迫于危亡者，不过守与奔而已。今大国之征小邦，譬孟贲之搏僬侥耳。以中原全大之时，犹不能抗，况方军兵挠败、盗贼侵交、财贿日腔、土疆日蹙。若偏师一来，则束手听命而已，守奚为哉？自汴城而迁南京，自南京而迁扬州，自扬州而迁江宁，建炎二年之间无虑三徙，今越在荆蛮之域矣。所行益穷，所投日狭，天网恢恢，将安之耶？是某以守则无人，以奔则无地，一身彷徨，局天蹐地而无所容厝。此所以朝夕鳃鳃然，唯冀阁下之见哀而赦已也。"人言此书曲尽哀祈，但这只是外交辞令，当不得真。不过它确也真实反映了高宗当时的处境。

高宗即位后面临严重的生存危机，只能以"巡幸东南"的名义南逃，于建炎元年（1127）十月初二前往江宁（今江苏省南京市）。可就在这天叛兵焚镇江，军校陈通又在杭州发动兵变，另外嘉禾（今浙江省嘉兴市）也发生兵变，叛军经平江（今江苏省苏州市）至常州、镇江，沿途大肆掳掠。高宗到达楚州府宝应县时，御营后军将领孙琦等又作乱。他只得于十月二十七日先到扬州暂时驻跸。建炎二年秋冬间金军分3路渡黄河南侵，建炎三年初逼近扬州。危急关头，高宗在王渊和康履等五六人陪同下逃往镇江，二月十三日又逃往杭州。高宗拟以凤凰山麓原北宋杭州州治为行宫，做长期驻跸打算。但三月初五发生"苗刘之变"，高宗被迫禅位。四月初叛乱被平定，高宗复位。此前三月初三曾降旨移跸江宁，因于五月初八日抵达江宁。次日改江宁府为建康府，以为行在。七月十四日下诏升杭州为临安府。不久金军以重兵集结于江淮一线，企图渡长江生擒高宗。闰八月二十六日高宗离开建康，于九月初八抵达临安，又于十二日至越州（今浙江省绍兴市）。金军一路追杀，高宗于十二月初五逃往明州（今浙江省宁波市）。十五日临安失陷，高宗自明州逃往定海县（今浙江省宁波市镇海区），十九日又渡海至昌国县（今浙江省舟山市定海区）。二十六日登舟亡命海上。金兵追击途中适逢大风雨，被南宋和州防御使、枢密院提领海船张公裕部击退。高宗于建炎四年正月初三抵达台州，获知张俊部在明州战败的消息后继续下海南逃。二十一日至温州，未登岸而退回馆头（今浙江省乐清市北白象镇管头村）暂避。二月初二移至温州市江心屿，待十六日金军从明州返回临安后才登岸驻跸州治。二月初三金军北撤。三月十九日高宗循原路由海上北返。四月十二日到达越州，并有意驻跸于此。七月金人建立伪齐政权，以刘豫为皇帝。由于同意与宋议和并且将进攻重点转向陕西、甘肃等地区，金军暂停南侵。后高宗下诏改元"绍兴"，并于绍兴元年（1131）十月二十六日升越州为绍兴府。绍兴二年正月移跸临安。绍兴四年九月金、伪齐联合大规模攻宋，十月高宗至平江亲征，大败金军。绍兴六年十月，刘豫得知张浚有北伐意，在乞求金军出师无果的情况下独自攻宋，但很快溃退。绍兴七年三月，高宗自平江移驻建康。十一月完颜宗弼进攻开封，废伪齐帝刘豫为蜀王，并决定与宋通好。绍兴八年二月，南宋正式定都临安。高宗登基后的这前10年可谓危机四伏、九死一生，稍有闪失，南宋政权也就覆灭了。逃亡才可以保全其生命，才能保全南宋政权。而只有南宋政权存在，收复中原、一雪"靖康之耻"才有希望。

应当特别指出的是，高宗"巡幸东南"前曾下过一道诏令申明纪律。《建炎以来系年要录》卷九载："荆、襄、关、陕、江、淮皆备巡幸，并令因陋就简，毋得骚扰。凡所过与所止之处，当使百姓莫不预知。朕饮食取足以养气体，不事丰美；亭传取足以庇风雨，不易卑陋；什器轻便，不求备用；供张简寡，不求备仪。可赍以行，皆毋取于州县。桥梁舟楫，取足济渡，道路毋治，官吏毋出，一切无所追呼。有司百吏敢骚扰者，重置于法……播告诸道，咸使闻知。"这位即位不久的年轻皇帝在危急关头仍能如此兼顾百姓，显示了特别的政治担当。

　　南宋定都临安后，仍处于金军强大的攻势和国内政局不稳等局势中，高宗的首要任务是巩固政权。金人威胁与朝廷内斗这两个问题又是交织在一起的。高宗选择以和议为基本国策统领全局。过去和议多为南宋的一厢情愿。而经过几年的积蓄，南宋的军力开始增加，抵抗能力增强。绍兴八年（1138）年底，金熙宗完颜亶因即位不久政权未稳，主动与南宋议和。条件是高宗向金称臣，金将原伪齐黄河以南陕西、河南领土归还南宋，归还徽宗梓宫和韦氏、钦宗及宗族人等，对南宋相当有利。事后真的交割了陕西、河南。不过高宗还是相当谨慎的，他不相信会十分顺利，仍告诫诸将加强军备。《建炎以来系年要录》卷一二七载，高宗曾对大臣说："韩世忠欲献一骏马，朕令留以备用。世忠曰：'今和议已定，岂复有战陈事？'朕曰：'不然。虏虽讲和，战守之备，何可必弛？朕方复置茶马司，若更得西马数万匹，分拨诸将，乘此闲暇，广武备以戒不虞，足以待强敌矣。和议岂足深恃乎？'"果然，绍兴十年五月初三，金人撕毁和议再次南侵。宋、金激战多轮，金军并未取得多少实际战果，遂于绍兴十一年九月开始进行第二次议和。次年二月正式达成和议，史称"绍兴和议"。蔑里乞·脱脱修纂的《金史》卷七七《列传第十五·宗弼（本名兀术）、亨（本名孛迭）、张邦昌、刘豫、挞懒》载"绍兴和议"内容如下："臣构言：今来划疆，合以淮水中流为界，西有唐、邓州割属上国。自邓州西四十里并南四十里为界，属邓州。其四十里外并西南尽属光化军，为敝邑。沿边州城，既蒙恩造，许备藩方。世世子孙，谨守臣节。每年皇帝生辰并正旦，遣使称贺不绝。岁贡银、绢二十五万两、匹。自壬戌年为首，每春季差人搬送至泗州交纳。有渝此盟，神明是殛。坠命亡氏，踣其国家。"具体来说，"绍兴和议"主要有以下几个内容：一是南宋向金称臣；二是宋金疆界，东以淮水中流，西以大散关（在陕西省宝鸡市西南大散岭）为界，南宋割唐（今河南省唐河县）、邓（今河南省邓州市）两州及商（今陕西省商洛市商州区）、秦（今甘肃省天水市）两州之半予金；三是南宋向金岁贡银 25 万两、绢 25 万匹，自绍兴三十二年开始；四是金归还韦氏和徽宗梓宫；五是遣返滞留对方的有关人员。上述条款绝大多数得到落实。南宋向金称臣只是名义而已，南宋仍有自己的年号和正朔，仍是主权国家。如《建炎以来系年要录》卷一二四所记高宗在第一次和议时所说："两国各自守境，每事不相关涉。唯正旦、生辰遣使之外，非时不许往来。"

　　"绍兴和议"无疑是屈辱的，但在金国强大的军事力量压制下是无可奈何的选择。就稳定政局和体谅民生而言，在当时有相当的合理性。《建炎以来系年要录》卷一四一载，高宗曾对群臣说："朕每欲与讲和，非惮之也。重念祖宗有天下二百年，爱养生灵，唯恐伤之。而日寻干戈，使南北之民肝脑涂地。所愿天心矜恻，消弭用兵之祸耳。"事实是，十几年的战争严重破坏了经济，南宋缺乏财力支撑。为了应付战争需要，政府增加了各种苛捐杂税，百姓负担成倍增加，乃至到了不可承受的地步。当时除两税和北宋以来就有的和籴、和买、身丁钱、免行钱、田契钱、经制钱以外，又增加了总制钱、经总制钱、称提钱、月桩钱、折估钱、曲引钱、田四厢钱等。《建炎以来系年要录》卷四二载，建炎四年（1130）冬到绍兴元年（1131）春，江西安抚大使朱胜非奉命宣抚江西、湖南、湖北3路。二月十八日上奏说，江西等地所以盗贼甚多，皆因"横敛不一，名色既多，贫不能生，以至为寇"，"良民无辜，情实可悯"，"正科之外，斜科繁重"，"税米一斛有输及五六斛，税钱一千有输及七八千者。如所谓和籴米与所输正税等，而未尝支钱。他皆类此"。说百姓本来应该纳税1斛米的，现在变成了五六斛；本来应该上税1000钱的，现在变成了七八千钱。连临时首都绍兴的日子也非常艰难。建炎四年十月十三日高宗自己调查了解到，绍兴市场上买1只兔子要五六千钱，1只鹌鹑也要三四百钱。时人庄绰《鸡肋编》卷中也云："天下州郡没于胡虏，据于僭伪。四川自供给军，淮南、江、湖荒残盗贼，朝廷所仰唯二浙、闽、广、江南，才平时五分之一，兵费反逾前日。此民之所以重困。"在淮南、京西等直接受战争影响的地区，甚至出现"荆榛千里，斗米至数十千，且不可得。盗贼、官兵以至居民更互相食。人肉之价，贱于犬豕"的情况。《建炎以来系年要录》卷一一一载，绍兴七年五月四川都转运使李迨即警告高宗说："其劝谕、激赏等项椿名钱物共二千六十八万，系军兴后来岁入所增，比旧额已增过倍，取于民者可谓重矣。若计司不恤，更增赋敛，民

力困竭，事有难测，此亦朝廷所当深虑矣。"这样的日子一直
持续到绍兴和议之后的绍兴十三年。这年秋天，高宗眼看金国
还算遵守和约没南侵迹象了，才大规模减免各地税收，百姓的
负担开始慢慢减轻。南宋周密《齐东野语》卷七《洪端明入冥》
记载了时人对久患兵灾及对擅开边界战争者的厌恶："洪焘仲
鲁……途中，因扣绿衣：'所见大蟒为何物？'厉声答云：'此
开边喜杀之人也。'……又问：'何罪最重？'曰：'开边好
杀罪重，豪夺次之（或谓其说尚多）。'因问：'金紫者何人？'
拱手对曰：'商公飞卿（字翚仲，乾淳间从官）。'"今人夏
承焘《天风阁学词日记》1938 年 10 月 20 日曾说："谈宋代和
战事，今所传文献，十九皆主战派之言论。然观《齐东野语》
所记地狱巨蟒为主战者之业报一事，亦可见民间反战心理之一
斑矣！"另一方面，相比于金国，南宋军事实力不足。南宋虽
有韩世忠、吴玠和吴璘兄弟、岳飞等名将，其所部战斗力较强，
但总体而言较弱。当时金国的军事实力不在北宋时的辽国之下，
何况金人还与后来的蒙古人一样好战能战，而南宋的兵力则远
较北宋为弱，直到绍兴十年前后方能勉强抵御金军南侵。北宋
尚且不能收复燕云十六州，南宋要收复中原失地更加没有可能。
如果不议和，南宋与金朝将形成尖锐且长期的军事对峙，陷于
旷日持久的战争。和议需要向金朝岁贡，这笔费用虽然不小，
但相比于长期的军事开支则是九牛一毛。其原理与北宋真宗时
的"澶渊之盟"一样。"澶渊之盟"为北宋带来了 120 多年的
安定，"绍兴和议"则不但为南宋赢得了前期 20 多年平稳发展
的时机，而且就长远影响而言，同样为南宋争取了 100 多年的

发展时间。

　　高宗建立南宋政权的初衷就是与金朝对抗，他何尝不想恢复中原，只是他的着眼点更广大也更切近实际。像张浚等"誓不言和"的主战派虽力主抗战，但却缺乏对战局的冷静分析和充分准备，怀侥幸之念仓促开战，结果只能损兵折将、大伤元气。南宋罗大经《鹤林玉露》丙编卷四载，早在绍兴七年（1137），高宗即对张浚之子张栻说："只是说与卿父，今日国家须更量度民力国力，早收拾取。闻契丹与金相攻，若契丹事成，他日自可收卞庄子刺虎之功。若金未有乱，且务恤民治军，待时而动可也。"南宋思想家叶适是主战派，但他言战却是谨慎的。其《水心别集》卷四《外论二》提出反对议和观点时云："今天下非不知请和之非义矣，然而不敢自言于上者，畏用兵之害也。其意以为一绝使罢赂则必至于战，而吾未有以待之故也。乃其以为不可而敢自言于上者，非真知其义之不可也，直媒之以自进也，非可用以当敌也。故真知其义之不可者皆内愧切叹而不敢言也。真知者不敢言，敢言者不足信。"叶适指出，虽然大家以议和为非，但也不敢言战，因为知道战争的危害。而敢于言战者，并不了解和议的奥义，只是借抗金沽名钓誉以求加官晋爵。所以真以和议为非者并不敢轻易言战，敢言战者又不足信。清钱大昕《十驾斋养新录》卷八《宋季耻议和》指出："宋与金，仇也，义不当和。而绍兴君臣主和议甚力，为后世诟。厥后张浚、韩侂胄志在恢复，讫无成功。及金人为蒙古所困，真西山（按：真德秀）奏请绝其岁币，嗣是金人索岁币，连岁犯边。以垂毙之金，与宋决战，宋犹未能得志，其国势积弱可知矣。然则从前之主和，以时势论之，未为失算也。"赵翼《廿二史札记》卷二八《金史·金用兵先后强弱不同》乃云："金之初起，天下莫强焉。盖王气所钟，人皆骛悍，完颜氏父子兄弟，代以战斗为事，每出兵必躬当矢石，为士卒先，故能以少击众，十余年间灭辽取宋，横行无敌。"又卷二六《宋史·和议》云："义理之说与时势之论往往不能相符，则有不可全执义理者。盖义理必参之以时势，乃为真义理也。宋遭金人之害，掳二帝，陷中原，为臣子者固当日夜以复仇雪耻为念，此义理之说也。然以屡败积弱之余……而欲乘此偏安甫定之时即长驱北指，使强敌畏威，还土疆而归帝后，虽三尺童子知其不能也。故秦桧未登用之先，有识者固早已计及于和……即专任韩、岳诸人，能必成恢复之功乎？亦未必能也。故知身在局外者易为空言，身在局中者难措实事。秦桧谓诸君争取大名以去，如桧但欲了国家事耳。斯言也，正不能以人而废言也……是宋之为国，始终以和议而存，不和议而亡。盖其兵力本弱，而所值辽、金、元三朝皆当勃兴之运。天之所兴，固非人力可争。以和保邦，犹不失为图全之善策。而耳食者徒以和议为辱，妄肆诋谋，真所谓知义理而不知时势。听其言则是，而究其实则不可行者也。"赵翼虽然也提到南宋也有北伐复国的机会，但并没有坚实的论据。钱大昕如其《潜研堂文集》卷二四《史记志疑序》所说主张"不虚美、不隐恶为良，美恶不掩，各得其实"，赵翼更是一位颇有民族气节的史家，他们都肯定议和的客观合理性和客观效果，以为在敌强我弱形势下和议不失为"图全之善策"。

高宗在危难中创建了南宋政权，他对时势或时局有非常深刻的理解。和议是他留给整个南宋的政治遗产。他之后的执政者缺乏政治阅历，有的也像北宋太宗那样沽名好功，再行北伐，但均以失败告终，不得不重新回到和议桌上。而以和议争取发展时间，实际上与北宋一样，使南宋维系了100多年之国祚。如前所述，南宋的最终灭亡，是没能通过高超的政治手段维持宋、金、蒙古三方关系。当然，南宋的主战派和英勇善战的

图2-11　清赵翼《廿二史札记》清嘉庆五年（1800）湛贻堂刊本

将士也是特别值得尊敬的。没有他们对军事建设的策动，南宋也没有与金朝对峙和议和的资本。和议本就是建立在实力基础上的博弈，是一种巧妙的战争。强化军事为和议创造了条件，而和议事实上又为发展经济和增强军事实力争取了时机。如此，南宋才有了长时段存在的基础。

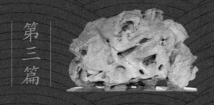

第三篇

两宫共治
与南宋盛世

# 奇异的权力运行模式

宋代存在了约 320 年，其中北宋约 167 年（960—1127），南宋约 153 年（1127—1279）。南宋政权的开创者宋高宗执政约 36 年，此后的德寿宫存在约 45 年，总计约 81 年，占据南宋一半多时间，对整个南宋具有深远影响。德寿宫历史时间延续了高宗执政时期的"绍兴中兴"，开启了孝宗时期的"乾淳之治"，是南宋经济社会发展最为繁荣的高峰时期。此后南宋逐渐走向衰亡。德寿宫构成南宋时期十分重要也十分特殊的政治中枢，是南北两宫或内禅圣政的主体之一。在某种意义上可以说，这种内禅圣政的瓦解才导致南宋原有的政治优势全面消解，使得南宋政权衰弱而无可作为。

赵构禅位后对政府行政权进行了全面移交，但保留了部分皇权，由此形成了中国历史上唯一的皇帝与太上皇帝共治天下的政治格局。古罗马王政时代的元老院由贵族组成，是王的顾问机构，具有咨询和辅政功能，且实际上国家重大事务都必须先经其审议。元老院成员可以终身任职。作为太上皇帝的赵构，发挥的功能有点像古罗马王政时代的元老院，只不过只有他一个"元老"。赵构很能体谅人，他的辅政不会强加于人，更多

图3-1　复建的德寿宫宫门夜景

的是设身处地的考虑，就像他用餐一样。《西湖游览志余》卷二《帝王都会》载："高宗在德寿宫，每进膳必置匙箸两副。食前多品择取欲食者，以别箸取置一器中。食之必尽。饭则以别匙减而后食。吴后尝问其故，对曰：'不欲以残食与宫人食也。'"如前所述，赵构禅位，孝宗每月定期至德寿宫探望。另外，孝宗出宫一般都请赵构同行。孝宗一朝实际上形成了皇帝与太上皇帝共议大事的决策机制。孝宗甫登极，即以尊重太上皇帝为姿态。《建炎以来系年要录》卷二〇〇载大赦制文云："凡今者发政施仁之目，皆得之问安侍膳之余。"申明政令均征询太上皇帝意见。《宋会要辑稿·职官四一》又载，孝宗还诏令设置提举编修圣政所，由宰相、知枢密院事兼任提举官，总领编修建炎、绍兴年间（1127—1162）"所下诏旨，条列以闻"，以便恭敬遵行。《建炎以来系年要录》卷二〇〇载，时大臣称孝宗对太上皇帝"一政一事无不遵之也"，"一字一书无不敬之也"。

孝宗于官员任免、外交以及立储、立后等要事上都征询太上皇帝的意见。《建炎以来朝野杂记》乙集卷三《宰执恭谢德寿重华宫圣语》记载了一些这方面的事例："自绍兴壬午以来又恭谢于北内盖德寿、重华。虽不以事物婴心而为子孙得人之意，则未尝替也。故凡登进大臣亦必奏禀上皇，而后出命。隆兴初，汤进之为右仆射，上欲相张魏公，而难于左右。因过宫禀之上皇，上皇云：'各还其旧。'盖魏公在绍兴初才为右相，而进之绍兴末年已为左相故也。后五日锁院，进之转左仆射，魏公拜右仆射。隆兴二年春魏公行边，张安国以中书舍人从辟为都督府参赞军事。魏公入辞，上皇与论事甚久。因问曰：'张孝祥想甚知兵？'盖以安国儒生晚出未谙军旅故也。于是安国旋亦罢。乾道元年夏洪景伯除签书枢密院（事），入谢。上皇曰：'上议用卿，吾谓从官中无逾卿者。况卿父精忠，古今所无。顷欲登用，阻于秦桧。今卿兄弟相继入辅，此天报也。'三年，夏虞雍公谢知枢密院事。上皇曰：'卿与陈俊卿同在枢府。俊卿极方正，非如他人面从而退有后言者。'淳熙四年冬赵温叔谢同知枢密院事，上皇曰：'闻儿子极称道卿。'温叔奏：'陛下可谓为天下得人。'上皇曰：'余在位三十年，无他过人。自谓晚年此节差得。'绍兴四年春枢府有阙，寿皇欲用赵忠定。既出命矣，而察官有言高宗圣训不用宗室为宰执者，上谋之寿皇。遂命宰职召当笔学士申谕圣意谓：'高宗圣训，本以折秦桧之奸谋，故答诏有云，若乃绍兴之故实，盖有为而言。况我寿皇之畴咨，欲播告于众，盖为是也。'是时大臣恭谢者多不得对，寿皇欲见忠定，乃因葛楚辅、胡子远、陈晋叔入谢，相继宣引。后二十余日，忠定始入谢。寿皇曰：'卿以宗室之贤为执政，乃国家盛事。卿在蜀时所进奏议甚善，朕常观此书。可与《资治通鉴》并行（似指《续通鉴》）。'自壬午迄癸丑三十余年，大臣得闻两宫圣训者多矣。"南宋徐自明《宋宰辅编年录》卷一八又载："公（按：虞允文）既再相，孝宗曰：自叶衡罢，虚位以待丞相久矣。与执政入谢德寿宫。高宗曰：'卿再入相，天下之幸也。'"《宋史》卷三四《本纪第三十四·孝宗二》载：乾道三年（1167）三月"辛亥，诣德寿宫恭请裁定医官员额"。《建炎以来朝野杂记》甲集卷二〇《癸未甲申和战本末》载："上朝德寿宫，因奏知遣使通问事，上皇甚喜。"明田汝成《西湖游览志余》卷二《帝王都会》载："光宗，孝宗第三子。初庄文既薨，孝庙白德寿立光宗。宣琐之夕，德寿故召魏王燕宿于禁内。次日归邸，则储册已行。魏邸复入见高庙曰：'翁翁留恺，欲使三哥越次做太子。'帝漫抚之曰：'儿谓官家好做？做时烦恼去。'"孝宗越次立三子恭王赵惇为太子，为防意外，太上皇帝在举行仪式时于德寿宫留宿了孝宗二子魏王赵恺，并安抚于他。《宋史》卷三四《本纪第三十四·孝宗二》又载，淳熙三年（1176）八月"庚辰，太上皇诏立贵妃谢氏为皇后"。作为太上皇帝的赵构，在提出自己意见的时候总是摆明道理，推心置腹，犹如谦冲长者。有人举太上皇帝以个人意气、受人请托或生活琐事等责怪孝宗的例子而指其干政，这种论证难以成立。孝宗与太上皇帝究竟如何商榷国政大事，文献记载不多，因为这多半是他们两人的秘事，不像在朝廷上公开议政，可以为大臣或史官共知。可以肯定的是，他们一定相互信任、推心置腹。太上皇帝应当满是关切之心。而在这种内禅政治或太上皇帝政治关系中，太上皇帝的关切只是一方面，作为皇帝的孝宗以特别的忠孝之心加以承托更为关键。赵构在位时除秦桧以外没有培植特别的政治势力，孝宗继位时秦桧已病死多年，孝宗完全可以超脱于太上皇帝。客观地说，内禅圣政实际上也出于孝宗朝的内在需要，是孝宗善政的重要来源。有人将这种现象称为"影子政治"，并不准确。

当然，孝宗对太上皇帝并非一味顺从，其执政理念还是与太上皇赵构有差异的。最突出的是对"国是"即和战问题的理解不同，孝宗倾向于主战，怀有急迫的恢复之志。他即位不久即有北伐设想，但为太上皇帝强力牵制。《鹤林玉露》丙编卷四载："孝宗初年，规恢之志甚锐。而卒不得逞者，非特当时谋臣猛将凋丧略尽，财屈兵弱未可展布，亦以德寿圣志主于安静、不思违也。"《四朝闻见录》乙集《孝宗恢复》又载："上每侍光尧，必力陈恢复大计以取旨。光尧至曰：'大哥，俟老者百岁后，尔却议之。'上自此不复敢言。光尧每以张浚误大计为辞谓上：'毋信其虚名。浚专把国家名器钱物做人情。浚有一册子，才遇士大夫来见，必问其爵里书之。若心许其，他日荐用者。又熔金碗饮兵将官，即以予之。不知官职是谁底、金碗是谁底。'"然而赵构终于没能控制住孝宗。这或也说明在内禅政治中皇权还是占主导地位的。

对待北伐，孝宗很像宋太宗，而太上皇帝则有点像宋太祖。绍兴三十二年（1162），金世宗完颜雍通过政变夺得帝位。消息传来，正在南征的海陵王完颜亮被部属所杀，金军北撤。金世宗是位很有作为的皇帝，他奉行与民休息、南北讲好的政策，使金国国力大增。金世宗即位不久即派使臣与南宋议和，然而却被孝宗拒绝。绍兴三十一年，张浚判建康府兼行宫留守，又兼节制建康、镇江府、江州、池州、江阴军军马，对抗完颜亮南侵。《建炎以来系年要录》卷二〇〇载，绍兴三十二年六月孝宗曾召见张浚。"既见，上改容曰：'久闻公名，今朝廷所恃唯公。'……浚见上天锡英武，力陈和议之非，劝上坚意以图事功。于是，加浚少傅，进封魏国公，除江淮宣抚使，节制屯驻军马。"孝宗有恢复之志，张浚锐意用兵，君臣间意气甚为相得。隆兴元年（1163）正月，孝宗以张浚为枢密使，都督江淮军马。他们不顾形势利弊，不顾朝臣规谏，决定先发制人。同年四月，为了减少阻力，孝宗还径自绕过三省和枢密院，直接向张浚等下达北伐诏令。《齐东野语》卷二《符离之师》载："德寿知之，谓寿皇曰：'毋信张浚虚名，将来必误大计。他专把国家名器财物做人情耳。'"再次警告孝宗不要相信张浚。赵鼎《建炎笔录》卷三《绍兴七年丁巳岁》又载，当时有人批评朝廷无恢复之意，高宗却对赵鼎说："张浚措置三年，穷竭民力，殚耗国用，何尝得尺寸之地？而坏却许多事功，此等议论不足恤也。"但孝宗并未听从劝告。张浚接到诏令后，调兵 13 万分两路北进。开始取得了一些战果，最终大败于宿州府符离县（今安徽省宿州市埇桥区符离镇），史称"符离之战"或"符离之败"。隆兴北伐是战略冒进，失败是必然的。

隆兴北伐失败后，几经反复，在张浚被贬病逝后，宋金于隆兴二年（1164）末达成"隆兴和议"。主要条款为：宋金世为叔侄之国；"岁贡"改为"岁币"，银、绢各 20 万两、匹；

南宋放弃所占海、泗、唐、邓、商、秦6州，宋金边界恢复至"绍兴和议"时原状；双方交换战俘，叛逃者不在其内。南宋皇帝不再称臣，纳贡数量也有所减少，但南宋在采石会战中收复的海、泗等6州悉数还金。符离之败给南宋带来惨重损失。《金史》卷八七《列传第二十五·纥石烈志宁、仆散忠义、徒单合喜》载，仅宿州战役斩宋军"骑士万五千，步卒三万余人……在符离又斩首四千余，赴水死者不可胜计，获甲三万，他兵仗甚众"。《齐东野语》卷二《符离之师》又载："及符离之败，国家平日所积兵财，扫地无余。"另外，此战也给宋廷带来了更大的政治混乱，加剧了和战两派的明争暗斗。

罗马元老院的核心作用是权力制衡，它是现代宪政的重要制度来源。西方社会很早以前即先天性地存在这种民主政治基因。中国古代政体缺乏权力制约机制，宋代尽管君臣形成了最为和谐的执政关系，但仍存在君主专制、宰相专权以及北宋王安石变法以后发生的党争。尽管宋代未发生十分残暴的政治屠杀，但皇帝个人独断、宰相擅政造成的失误也不少。北宋的新旧党争、南宋的和战之争，形成巨大的政治内耗。在肯定宋代政治制度的同时也不得不看到，其权力制衡机制还是有相当缺陷的。王安石变法以后，几乎所有皇帝包括部分皇太后以及朝臣都陷于党争，变法不仅没有化解矛盾，反而不断激化政治和社会冲突，迷失了政治方向，加速了北宋的灭亡。《建炎以来系年要录》卷八七载，高宗曾深有感触地指出："今日之祸，人徒知蔡京、王黼之罪，而不知天下之乱生于安石。"北宋党争完全是人为的，南宋和战之争却是宋、金对峙之外力造就的，当事的政治人物不可能置身事外。在内外交困之间，高宗不像北宋诸帝那样去激化矛盾，而是毅然以以和备战、以战促和的策略最大限度消弭争斗，为南宋争得了发展机遇。宋高宗开创的内禅政治或太上皇帝政治，客观上对皇权、相权以及各种朝臣关系进行了另一种权力制约，是中国社会历史条件下的较好选择。即便是以和善闻名的孝宗，也有独断疑人的毛病。明杨士奇《历代名臣奏议》卷一四四虞允文奏议称其"勤于论相，数置而亟免"。孝宗在位26年间任相（同中书门下平章事）17人（其中3人曾复相）、副相（参知政事）34人，相位空缺时间也不少，又频繁调换将帅、谏官和地方守臣，乃至造成南宋思想家陈亮《上孝宗皇帝第一书》所说"圣断裁制中外，而大臣充位，胥吏坐行条令，而百司逃责，人才日以阘茸"的局面。没有太上皇帝的制约，皇帝的决策很容易失误。正因为如此，它才成为圣政异类。只是这种政治模式离开了高宗、孝宗这样的历史人物和宋代这样的历史环境很难被复制。

# 绍兴中兴与乾淳之治

　　高宗创建了南宋政权，"绍兴和议"以后，南宋进入繁荣发展期，故时人有"高宗中兴"之称。也有专指"绍兴和议"以后时期的，称"绍兴中兴"，高宗本人也有这样的说法。不过由于"绍兴中兴"与东汉"光武中兴"相比领土收复少，加之对高宗的成见，今人多不认可。而如前所说，南宋与东汉面对的敌人不同，武力收复更多领土难度更大。即便如此，如《建炎以来系年要录》卷一七九所记，南宋还是拥有 200 个州（府、军、监）700 多个县，经济实力超过北宋，远超唐代，文化在多方面达到历史高峰。"高宗中兴"或"绍兴中兴"是一种客观的历史评价。高宗挽危难于亡国之际，承继北宋大统，这当然是"中兴"。而从社会治理层面而言，自北宋末期靖康之变后逐渐走向南宋治世，经济社会不断繁荣，当然更可以理解为"中兴"。

　　表现于经济社会发展层面的"绍兴中兴"主要呈现在如下方面：一是政局趋于稳定。在发展经济和加强军备的基础上形成与金朝对峙的能力，国内的各种变乱也因此而被控制。大小游寇集团基本被剿灭，海盗也被清理，民变次数比建炎年间（1127—1130）甚至北宋要少得多，规模也小得多。今人何忠礼《宋高宗新论》一书据何竹淇编《两宋农民战争史料汇编》第一分册《高宗时代》所载统计，高宗朝共爆发大小民变100次。其中"绍兴和议"签订前15年间（1127—1141）77次，平均每年发生5次，而此后的21年间（1142—1162）23次，平均每年仅1次左右。每年断大辟（死刑）的人也大幅减少。据《建炎以来系年要录》绍兴十二年（1142）到三十二年各卷十二月末条记载，绍兴十二年到绍兴三十二年的18年（绍兴二十九年、三十一年、三十二年缺载）间，平均每年仅近35人，相比于建炎三年和绍兴二年的324人，仅为近1/9。民变次数和规模，是衡量古代社会稳定与否的综合性指标。尽管绍兴末年完颜亮南侵，但仅历时约3个月，破坏性不大。南宋政权在绍兴后期终于在南方站稳脚跟，社会重现生机。二是经济社会全面恢复并趋于繁荣。《建炎以来系年要录》卷一六三载，滁州（今安徽省滁州市）绍兴十九年前只有1900顷耕地，到绍兴二十二年即增加到3.9万余顷。知州魏安行称："见今州仓已有三年之储，民间每岁增收，不止三十万斛，公私皆利。"卷一六四载，绍兴三十年主管农业的屯田员外郎韩彦直说，十数年来，"户口增辟，民庶蕃衍"。卷一六二又载，绍兴二十一年秦桧向高宗提议免除贩卖柴、米这两类生活必需品的商税，高宗说："甚善。临安自减定物价之后盗贼消矣。"绍兴十二年又采纳两浙转运副使李椿的建议推行"经界法"，以乡都为单位，逐丘打量计算亩步大小，辨别土色高低，均定苗税。《宋史》卷一七三《志第一百二十六·食货上一》载："要在均平，为民除害，不增税额。"提出要让百姓休养生息。据今人葛金芳《南宋全史》（五）

统计，"绍兴和议"前两浙、江东西等处米价大致在每石四五贯之间，"绍兴和议"后粮价回落。绍兴二十六年粮价最高的临安府已降至每石 2 贯。当时财政非常困难，但高宗缓解"国库空虚"时没有继续剥削百姓，而是发展商品经济。与唐代不同，北宋一开始即十分重视发展工商业。但北宋主要推行的是国家重商主义政策，如王安石改革。而南宋实际施行的则是社会重商主义政策，鼓励发展民间工商业。城市形成商工经济圈，农村形成商农经济圈，两大经济圈也相互作用，工商业实现社会化发展。甚至像今天的外卖，南宋时已非常时兴，高宗、孝宗、宁宗都经常"下单"。他们常买的有李婆杂菜羹、贺四酪面、臧三猪胰胡饼等。当时陆上丝绸之路受限，高宗便鼓励开发海上丝绸之路，发展海外贸易。《宋会要辑稿·职官四四》载，他曾指出："市舶之利最厚，若措置合宜，所得动以百万计，岂不胜取之于民！朕所以留意于此，庶几可以少宽民力尔。"据《宋会要辑稿·食货六九》，绍兴三十二年全国有 11622625 户，与吴松弟《中国人口史》（宋辽金元时期）推算的绍兴五年约 1015 万户相比，27 年间增加了约 14.5%。与北宋繁荣时期的崇宁元年（1102）相比，相同区域约占 95.3%，与北宋全境相比约占 57.3%。据何忠礼上书推算，该年全国人口当在 5800 万以上，超过唐代全盛时期的总数（《旧唐书》卷九《玄宗下》载，唐天宝十三载（754）有户 9619254、口 52880488）。南宋时期因战乱和军费开支巨大，财政一直比较困难，唯独绍兴后期和乾道、淳熙年间（1165—1189）收支大体持平，少数年份略有积余。在财政十分困难的情况下，高宗还建国子监、太学、州（府）

图3-2 复建的德寿宫内饰

学和县学。各级官学生员的食宿费用皆由政府负担。其中州（府）学、县学的普及率超过北宋，另外还大力发展书院等各类私学。三是有效进行政治体制改革。实行"三省合一"，对北宋元丰改制以来的中央行政体制进行大调整。合一的其实仅中书、门下两省（称中书门下省），但以尚书左、右仆射兼同中书门下平章事，为正宰相；门下、中书侍郎改为参知政事，为副宰相。调整方案依据的是北宋司马光等人的《乞合两省为一》。这一改革使相权得到强化，裁减了具体办事机构和吏员。高宗十分重视人才选拔，即使在宋金战争最紧张的时候也没有废弃科举考试，甚至设置了流寓试（举子在流寓地参加科举考试）和类省试（举子在当地参加类礼部试），优化殿试策评判标准，并对科举的某些条贯、防弊措施和考试内容做了改进或强化，由此选拔出大批人才。绍兴年间（1131—1162）即出现了史浩、王十朋、汪应辰、范成大、周必大、尤袤、杨万里、朱熹、张孝祥等由科举入仕的政治和文化名人。

图3-3　复建的德寿宫内饰

　　高宗一生勤勉，且规矩有度。《建炎以来系年要录》卷六五载，高宗于政事十分勤勉，他曾说："朕省阅天下事，日有常度。每退朝，阅群臣及四方章奏，稍暇即读书史。至申时而常程皆毕，乃习射。晚则复览投匦封事，日日如是也。"他每天退朝后要看各种奏章，晚上还要看类似今日群众来信的"投匦封事"。处理政事之余，有闲暇就读经史书籍，还练习骑射。他拒绝臣民献祥瑞，也不贪恋女色。生活也较俭朴，座前除笔砚之外不设长物。

　　隆兴北伐以后，孝宗对时势有了比较清醒的认识，理性地将政治重点从"外攘"转移到"内修"的轨道上来，承续"绍兴中兴"推动社会进一步发展，史称"乾淳之治"。"乾淳"即乾道年间（1165—1173）和淳熙年间（1174—1189）。其主

图3-4　复建的德寿宫内饰

要表现为：一是经济上勉农桑，兴工商。由政府提供屋舍和生产资料，招募流徙百姓及归正人开垦无主荒田和官田，在宋金边境的两浙、两淮、荆襄、川陕等地措置屯田。改革纸币，方便流通。又减免税赋，激励创业。二是政治上整顿吏治，选拔人才。裁汰冗官冗吏，减少荫补数量，并规定荫补为官须经吏部考试和审核。建立严格的政绩考核制度。除正常磨勘考课外，又以御制表格登记地方官员业绩以为升迁凭据。《齐东野语》卷一《孝宗圣政》载，"禁诸司官非时会合"，防止"族谈不修职业"。规定官员必须在聚议堂内处理政事，避免私下应酬请托。先后9次开科考试，录取3873人。又破格提拔有真才实学者。三是军事上扩军备战，充实边防。乾道年间四川宣抚司

图3-5　复建的德寿宫内饰

增招千人，江西、湖南等地各募兵千人。淳熙年间还设置湖南
飞虎军1500人。又将战斗力强、素质较高的地方部队收编为御
前水军、强勇军、忠勇军等正规军。修复宋金交界的淮水至大
散关一带军事设施，建立系列军事基地。四是文化上兼容发展，
繁荣昌盛。对包括王安石新学、苏氏蜀学在内的思想文化不再
限制，为苏轼追谥"文忠"，为苏辙追谥"文定"。陆九渊的
心学和江西学派也在此期间形成。淳熙二年（1175），吕祖谦
邀请朱熹、陆九渊在信州府铅山县东北的鹅湖寺举行中国古代
思想史上第一次著名的辩论，史称"鹅湖之会"。以陈亮为代
表的永康学派、以叶适为代表的永嘉学派、以吕祖谦为代表的
金华学派，以及以张栻为代表的湖湘学派等也十分活跃。时人

黄震《黄氏日抄》卷六八乃云："乾淳间，正国家一昌明之会，诸儒彬彬辈出而说各不同。"被称为"中兴四大诗人"的陆游、范成大、杨万里、尤袤，南宋著名的豪放派词人辛弃疾等，主要活动期都在这一时期。

太上皇帝赵构几乎与整个孝宗朝相始终，在内政和外交方面均发挥了持久而深刻的影响。"乾淳之治"实际上是他与孝宗共同创造的。尽管孝宗改革变法的意识较强，但由于缺乏赵构的政治经验和政治远见，可施行的大多仍在"绍兴中兴"的框架之内。孝宗的激进和幼稚应当很大程度上被太上皇帝修正了，这是"乾淳之治"不再出现隆兴北伐那种战略失误的基本保证。从这种意义上来说，"乾淳之治"是"绍兴中兴"的延续。

# 内禅圣政的超越性

宋高宗一生最为人诟病的是重用秦桧和错杀岳飞。不过其实高宗对此早有反思，他在秦桧死后的执政晚期已经有所纠正，并开始为岳飞平反。孝宗继位后借此为北伐造舆论，做得非常张扬，作为太上皇帝的赵构也没有横加干涉。这需要极大的政治气度。在中国历史上，执政者对自己的执政方针进行自我批评特别是还能接受公开批评的极为罕见。对秦桧和岳飞问题的处置表现了内禅圣政的历史超越性。

秦桧早年家境比较贫寒，做过塾师。北宋政和五年（1115）26岁时进士及第，宣和五年（1123）又中词学兼茂科。靖康元年（1126）十一月金兵第二次围开封，其因不同意继续割地而得钦宗赏识，被任命为御史中丞。次年二月金人北掳徽宗、钦宗，要求留守开封的百官推举张邦昌为帝，秦桧上书反对，被金人抓走。《宋史》卷四七五《列传第二百三十四·叛臣上》载："王时雍时为留守，再集百官诣秘书省，至即闭省门，以兵环之，俾范琼谕众以立邦昌，众意唯唯。有太学生难之，琼恐沮众，厉声折之，遣归学舍。时雍先署状，以率百官。御史中丞秦桧不书，抗言请立赵氏宗室。且言邦昌当上皇时专事燕游，党附权奸，蠹国乱政，社稷倾危实由邦昌。金人怒，执桧。"秦桧滞留金国3年多，建炎四年（1130）逃回越州。因带着当初一同北去的妻子王氏、御史台街司翁顺以及奴婢同归，所以被怀疑是金人故意放归的，甚至有可能是奸细。《建炎以来系年要录》卷三九载，建炎四年十一月初六秦桧见到高宗时说："如欲天下无事，须是南自南、北自北。"因此得高宗赏识，被任命为礼部尚书兼侍读。绍兴元年（1131）又被提拔为参知政事。秦桧透露了他与时任金左监军完颜昌（完颜挞懒）相善，认为其怀有议和意向，建议高宗不要直接致书金廷或完颜宗翰等金朝权要，而通过致书完颜昌求和。秦桧还草拟了一份给完颜昌的国书。绍兴元年七月代理右相（守尚书右仆射、同中书门下平章事兼御营使）范宗尹被罢，秦桧任尚书右仆射、同中书门下平章事兼知枢密院事，掌军政大权。但次月高宗再擢不久前罢相、与秦桧关系不睦的吕颐浩为少保、尚书左仆射、同中书门下平章事兼知枢密院事，位在右相秦桧之上，以行牵制。以秦桧为代表的南方政治势力与以吕颐浩为代表的北方政治势力展开激烈斗争。当时秦桧议和没有实际成效，高宗又忌惮于北方政治势力强大，所以罢免了秦桧。绍兴二年八月秦桧以观文殿学士提举江州太平观。《建炎以来系年要录》卷五七载，高宗对近臣说："桧言南人归南，北人归北。朕北人，将安归？又桧言臣为相，数月可使耸动天下，今无闻。"甚至还表示出对秦桧"终不复用"的意思。不过卷一五八又载，绍兴十八年八月，高宗对后复相的秦桧说："朕记卿初自金归，尝对朕言：'如欲天下无事，须是南自南、北自北。'遂首建讲和之议。朕心固已判然，而梗于众论，久而方决。今南北罢兵六年矣，天下无事，果如卿言。"说当时罢其相位是众论所迫。吕颐浩党羽众多，独相后又屡请兴师中原，引起高宗不安，绍兴三年九月终以"不恭不忠、败坏法度"等十大罪名被劾罢。绍兴四年九月赵鼎任尚书右仆射、同中书门下平章事兼知枢密院事。他随即援引张浚为知枢密院事。次年二月赵鼎升任尚书左仆射、同中书门下平章事兼知枢密院事，张浚以尚书右仆射兼知枢密院事，都督诸路军马。但此后张浚与赵鼎争权，交替执政。绍兴六年十二月赵鼎罢相，张浚独掌军政大权。绍兴七年正月秦桧为枢密使，此时枢密使为专门的职事官。《建炎以来系年要录》卷一〇八载，其"应干恩数，并依见任宰相条例施行"。宰执奏事，秦桧得与宰相同列，实为没有宰相头衔的宰相。九月张浚被弹劾罢相，赵鼎再任左相。绍兴八年三月，秦桧自枢密使升任尚书右仆射、同中书门下平章事兼枢密使。十月赵鼎被罢左相，秦桧开始长达约 18 年的独相专政，直至绍兴二十五年病死。绍兴十一年秦桧任尚书左仆射、同中书门下平章事兼枢密使，进封少保、庆国公、冀国公。次年又进封太师和秦国公、魏国公。绍兴十七年改封益国公。至绍兴二十五年，其任职为太师、尚书左仆射、同中书门下平章事，兼枢密使、监修国史，兼提举实录院、提举详定一司敕令、提举编修玉牒所，封益国公。临死时加封建康郡王，死后又追封为申王。

　　秦桧主政后便开始积极议和。南宋徐梦莘《三朝北盟会编》卷一八四载，他与高宗密谈说："讲和之议臣僚之说皆不同，各持两端，畏首畏尾，此不足以断大事。若陛下决欲讲和，乞

图3-6　德寿宫遗址秦桧府第遗迹

陛下英断，独与臣议其事，不许群臣干预，则其事乃可成。不然无益也。"高宗表示坚决支持，秦桧才拿出方案。此后宋金进行两次和议，换来了高宗从未有过的内外双重安全感。宋金两国外交正常化，边境没有起过大的摩擦，南宋派到金国的使者没有受到刁难，金国来临安的使者除了要求高宗按照规定起立受书之外也讲礼数。国内的武将手里没有了兵权，规矩地听枢密使支配。文臣绝大部分是秦桧的亲信，秦桧听话他们就听话，没有人敢对高宗不敬。民变在这一段时间也很少。而因为很少打仗，国库也越来越充盈。如前所述，从绍兴十三年（1143）开始，高宗就不断下诏减免各地的税收和前些年地方拖欠的粮、款。如果没有足够的财政盈余，是不可能这么做的。《建炎以来系年要录》卷一五四载，绍兴十五年七月二十五日，高宗对秦桧说："休兵以来，上下渐觉富贵。"和议换来了韦氏南归、徽宗灵枢南还等，当然深得高宗之心。秦桧平时对皇太后韦氏、皇后吴氏等尊重有加。他在高宗面前不仅善于逢迎，行事也十分谨慎低调，很少自夸功绩，也不伸手要官。高宗自然有乐受承奉的人性弱点，但他对秦桧的忠诚和干练是绝对不怀疑的。他们之间俨然有"君不疑臣，臣不负君"的相得。

南宋王明清《玉照新志》卷四指出："（按：秦桧）投闲屡岁，吕元直、赵元镇、张德远前后为相，皆主战者也……思陵兴念疆场生灵久罹锋镝，亦厌佳兵。会之起帅浙东，入对之际揣摩天意，适中机会申讲和之谋，遂为己任焉。大契渊衷，继命再相，以成其事。凡敌中按籍所取北客悉以遣行，尽取兵权，杀岳飞父子，其议乃定。逮太母回銮，卧鼓灭烽逾二十年，此桧之功不可掩者也。"秦桧有异常之执念执意，是和议最坚定的捍卫者和执行者。他对和议的坚守几近痴狂，甚至可以置身家性命于不顾，高宗重用、褒奖秦桧最主要的原因正在于此。和议不仅与"绍兴中兴"相始终，其实也与秦桧的人生结为一体。他的余生似乎是以此为存在意义的。《建炎以来系年要录》卷一六六录秦桧之孙秦埙绍兴二十四年（1154）殿试策云："今朝廷之上，盖有大风动地，不移存赵之心；白刃在前，独奋安刘之略。忠义凛凛、易危为安者，固已论道经邦、燮和天下矣。臣辈委质事君，愿视此为标准。志念所欣慕者此也。"策题为："诸生以师友之渊源，志念所欣慕，行何修而无伪？心何治而克诚？"秦埙有点生搬硬套。其中许多话是秦桧除太师时左朝请大夫、主管台州崇道观熊彦诗的贺词，为秦桧所欣赏。高宗阅卷时一眼看出："秦埙中甲科所对策叙事皆桧、熺语，灼然可见。"

可见这对君臣之所能意会。《建炎以来系年要录》卷一六九又载，秦桧死时云："愿陛下益固邻国之欢盟，深思宗社之大计。谨国是之摇动，杜邪党之窥觎。"生命的最后一刻还在提醒高宗坚持和议。

为了实现和议，秦桧不断壮大势力，无情打击政敌。秦桧"性阴密"，工于权术，通过钳制舆论、贬黜异己等手段制人，乃至形成朱熹《朱子语类》卷一三一《本朝五》所说的"举朝无非秦之人"的局面。由于树敌太多，且治人常常不留余地，也给自己和家人的安全带来巨大威胁。秦桧当然深知其中利害，不仅在任时高度紧张，时时提防，对自己的身后事更是很不乐观。从某种意义上说，秦桧之于和议是不计代价的。绍兴二十年（1150）正月，秦桧乘轿上朝途经众安桥，殿司军官施全对其行刺。因王氏不能生育，秦桧与婢女生有一子林一飞，但王氏一直不认。秦桧收王氏兄王唤儿子为养子，起名秦熺。绍兴十二年秦熺被高宗钦点为状元，但秦桧却上奏说自己身为宰相，儿子不能做状元，于是秦熺被降为第二名，状元给了陈诚之。绍兴十八年高宗以秦熺为知枢密院事。朝野议论较多，秦熺主动请辞。《建炎以来系年要录》卷一五七载："熺言：'父子共政，理当避嫌，故有是命。'仍诏熺应干恩数请给等，并依见任宰臣例立班，在右仆射之次。"说高宗虽然答应了他的请求，但依然让他担任观文殿学士、左通奉大夫提举万寿观兼侍读、秘书少监，上朝列宰辅序列，位于尚书右仆射之下。秦熺请辞应当是秦桧的意思。绍兴二十一年左朝散郎王扬英上书称，既然秦桧经常生病，不如让秦熺当宰相。秦桧将其贬为泰州知州。

绍兴二十五年，秦桧在病重之际，上书请求自己和秦熺同时致仕，将两个孙子秦埙、秦堪派到外地任宫观闲职。这样的请求极具深意，是给高宗传递一个信号：他死以后，整个家族退出政坛。随后秦熺跟着父亲上了一道请求致仕的折子。十月二十二日，高宗同意了两人请求，进封秦桧为建康郡王，秦熺为少师，让两人一并致仕。秦桧当晚病逝于家中。秦桧死后，家属搬出望仙桥秦府，迁居老家建康，远离政治，过上闲适的生活。秦桧妻王氏为北宋神宗朝宰相王珪的孙女。当年秦桧被北掳，她毅然同行。秦桧死后，遵其意诏封道号"冲真先生"，后又改"希妙先生"。绍兴三十一年，王氏和秦熺先后死亡。秦熺曾主持编纂《高宗日历》1000 卷，李心传以之为底本著 200 卷的史学名著《建炎以来系年要录》。曾任少师、工部尚书、礼部尚书等职的秦埙仍提举江州太平兴国宫。淳熙四年（1177）孝宗曾先后任其为饶州和舒州知州，但都被婉拒。

　　《三朝北盟会编》卷二一二载，绍兴十二年（1142）高宗母韦氏南归，高宗加封秦桧为太师，诏云："三公论道，莫隆帝者之师；一德格天，乃大贤人之业。"《建炎以来系年要录》卷一四〇又载，秦桧子秦熺同年上书云："（按：高宗）专任一德大臣，以为腹心。"绍兴十五年高宗为望仙桥秦府御书"一德格天之阁"。故南宋时秦桧有"一德大臣"之称。绍兴十九年高宗命绘秦桧像。《建炎以来系年要录》卷一六〇载："戊申，上命绘秦桧像，自为赞曰：'唯师益公，识量渊冲。尽辟异议，决策和戎。长乐温清，寰宇阜丰。其永相予，凌烟元功。'寻出示群臣，藏之秘阁。"此像已不存。故宫博物院藏有南宋佚

图3-7 〔宋〕佚名《八相图卷》中的秦桧像（故宫博物院藏）

名《八相图卷》，其中之一即为秦桧，可能是如今仅存的秦桧画像。是图应作于绍兴十九年高宗作像赞之后，系统地表现了高宗意旨。秦桧在世时还曾有较多画像石。据南宋江宾王撰《建康府句容县重修夫子庙记》，绍兴二十四年句容县文庙立秦桧画像石"益公一德之像"。"一德"出自《尚书·商书》。西汉孔安国传、唐孔颖达正义《尚书正义》卷八《商书》云："伊尹作《咸有一德》。正义曰：太甲既归于亳，伊尹致仕而退，恐太甲德不纯一，故作此篇以戒之。经称尹躬及汤咸有一德，言己君臣皆有纯一之德，戒太甲使君臣亦然。此主戒太甲而言。臣有一德者，欲令太甲亦任一德之臣。经云'任官唯贤材，左右唯其人'，是戒太甲使善用臣也。"言商朝开国元勋伊尹辅政时，告诫太甲以君臣尊纯一之德。北宋程颢加以发挥，他在《王霸论》中对神宗说："唯陛下稽先圣之言，察人事之理，知尧舜之道。备于己，反身而诚之，推之以及四海，择同心一德之臣，与之共成天下之务。"高宗称颂秦桧与他同心一德，共成大事。

上述《八相图卷》绘周公旦、张良、魏徵、狄仁杰、郭子仪、司马光、韩琦、秦桧8人，其中秦桧1人对应7人，其立意是以7人品格和功勋比附秦桧。秦桧死后追赠申王，谥"忠献"，礼遇甚隆。孝宗即位后，因主战曾力黜秦桧余党。《宋史》卷三三《本纪第三十三·孝宗本纪一》载："逐秦桧党人，仍禁锢至行在。"孝宗对秦桧和议早有成见，当年秦桧还支持赵璩上位，但孝宗并未夺秦桧名分，这或是与太上皇帝合计的策略。开禧二年（1206）韩侂胄为兴师北伐做舆论准备，奏请削夺秦桧王爵，改谥"缪丑"。与孝宗和赵构相比，韩侂胄显得缺乏政治经验。开禧北伐失败后，史弥远为再行和议，奏请恢复了秦桧的王爵和谥号。

　　岳飞是相州汤阴（今河南省汤阴县）人，祖上是仁宗朝名臣韩琦的佃户。北宋宣和四年（1122）应募去河北、河东宣抚使行军参议刘韐处从军，随后跟着刘浩、宗泽、张所、王彦、杜充等将。岳飞作战勇猛且颇有谋略，有名将之风。杜充降金后，手下失去约束，唯独岳飞的部队军纪严明，不但听宋朝节制，还主动出击与金人作战，立下不少战功。绍兴三年（1133），岳飞被调到虔州（今江西省赣州市）平寇，几乎日破一寨。去杭州面圣时，高宗赐予一面"精忠岳飞"的旗帜。绍兴四年，岳飞击败伪齐及金军，奇迹般地收复了襄阳等6州（军），升任清远军节度使、湖北荆襄制置使。绍兴五年又镇压了杨幺起义军，改任镇宁崇信军节度使、荆湖南北襄阳府路招讨使兼营田使等。绍兴六年高宗将襄阳路改为京西南路，岳飞任检校少保、武胜定国军节度使、湖北京西路宣抚副使兼营田使等。绍

图3-8　〔宋〕刘松年《中兴四将图》（故宫博物院藏）

兴七年官拜太尉，并任武胜定国军节度使、湖北京西路宣抚使
兼营田大使等。绍兴八年还军鄂州，勠力练兵。绍兴九年加受
开府仪同三司、河南河北诸路招讨使兼营田大使。是年朝廷以
和议成功大赦天下，岳飞上《谢讲和赦表》，表明不趋附和议。
绍兴十年加受少保。是年金朝撕毁和议，派完颜宗弼带兵南下
夺取已归还给南宋的河南、陕西等地，岳飞领军收复了大片土地。
而自北宋太祖以来，宋朝即对武将设防。建炎三年（1129）苗
刘兵变发生后，高宗对此更加戒备。朝中文臣对武将同样猜忌
颇多，不断有人上疏要求钳制武将。到绍兴九年前后，除武将外，
朝廷上下对收兵权已经形成某种共识。绍兴十一年四月高宗以
赏柘皋之战功为名，升张俊和韩世忠为枢密使、岳飞为枢密副使，

不再让他们直接带兵。韩世忠、岳飞极为不满，张俊则投靠了
秦桧。八月九日岳飞被免枢密副使，复为武胜定国军节度使，
充万寿观使。十二月二十九日岳飞被毒杀，其子岳云、部将张
宪等被斩。

高宗杀岳飞违背了太祖不滥杀大臣的祖训，也违背了他本
人不好杀人的本性。岳飞以个人意气多次违抗朝廷命令，自作
主张甚至撂挑子，高宗都能容忍，究竟什么原因要下此狠心是
个谜团。《宋史》卷三六五《列传第一百二十四·岳飞（子云）》载：
"兀术遗桧书曰：'汝朝夕以和请，而岳飞方为河北图。必杀飞，
始可和。'桧亦以飞不死，终梗和议，己必及祸，故力谋杀之。"
而清赵翼《陔余丛考》卷二〇《兀术致书秦桧之不可信》则云：

"世谓秦桧私通于金，力主和议，自是实事。然《岳飞传》谓兀朮以书与桧曰：'汝日以和请，而飞方主用兵，不杀飞，和议不可成。'此则《鄂国金佗稡编》等书附会之词。其实桧所私结者挞懒而非兀朮也。"以为此说不可信。从大局来分析，高宗杀岳飞最主要的可能是怀疑他谋反，因为这直接威胁到政权安全。岳飞与刘光世、韩世忠、张俊不同，他虽然战功卓著，但追随高宗的时间较晚，也没有在危难时刻扈从高宗，故感情不深，了解也不深，况且一直反对高宗议和。建炎元年（1127）六七月间，岳飞上书反对高宗南逃，被革去军职。他投奔张所的河北西路招抚使司，参加收复河北失地的战斗。不久张所被贬，岳飞又成了八字军首领王彦的部下。但他在敌强我弱的形势下不听王彦劝告，擅自以所部自为一军出兵，结果惨败。绍兴六年（1136）四月，岳飞母亲姚氏卒于军中，岳飞不报告朝廷即上庐山丁忧。高宗两次下诏命他下山，他才下来。翌年三月刘光世被罢兵权，高宗和宰相张浚食言，拒绝将刘光世的军队划归岳飞统率，岳飞不满，上书请辞，弃军再上庐山守丧。高宗又数次下诏命归，岳飞才勉强下山。在高宗看来，此举纯属"要君"，内心震怒。岳飞回临安后，高宗表面上"慰遣之"，实际上对他进行了严厉警告。《建炎以来系年要录》卷一一二载，高宗对岳飞说："卿前日奏陈轻率，朕实不怒卿。若怒卿，则必有行遣太祖所谓'犯吾法者，唯有剑耳'。"卷一〇九又载，绍兴七年二月岳飞向高宗面奏立储："虏人欲立钦宗子来南京（按：开封），欲以变换南人耳目，乞皇子出合以定民心。"岳飞此言触犯了武人干政的禁忌，高宗警告他说："卿言虽忠，

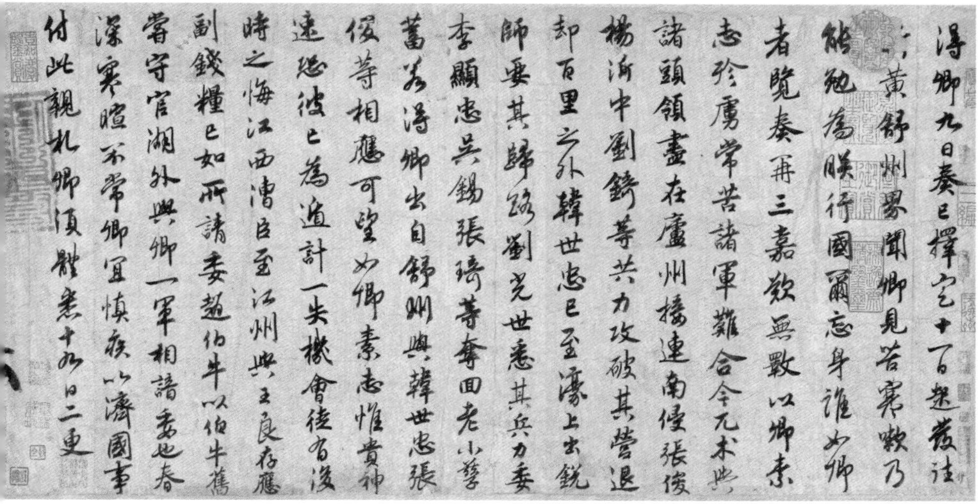
得卿九日奏，已擇定十一日起發，往
蘄、黃、舒州界，聞卿見苦寒嗽，乃
能勉為朕行，國爾忘身，誰如卿
者。覽奏再三，嘉歎無斁。以卿素
志殄虜，常苦諸軍難合，今兀朮與
諸頭領盡在廬州，接連南侵。張俊、
楊沂中、劉錡等共力攻破其營，退
却百里之外。韓世忠已至濠上，出銳
師要其歸路。劉光世悉其兵力委
李顯忠、吳錫、張琦等奪回老小孳
畜。若得卿出自舒州，與韓世忠、張
俊等相應，可望如卿素志。惟貴神
速，恐彼已為遁計，一失機會，徒有後
時之悔。江西漕臣至江州，與王良存應
副錢糧，已如所請，委趙伯牛，以伯牛舊
嘗守官湖外，與卿一軍相諳妥也。春
深寒暄不常，卿宜慎疾，以濟國事。
付此親札，卿須體悉。十九日二更。

图3-9　宋高宗《赐岳飞批札卷》（台北兰千山馆藏）

然握重兵于外，此事非卿所当预也。”绍兴十一年正月金军大举南侵，高宗调张俊、刘锜、杨沂中、韩世忠等主力将领率军入淮西作战，并命岳飞领兵东援。但高宗15次诏令岳飞出兵，岳飞却以“寒嗽”（感冒）、“乏粮”为由拖延。他尚未赶到，宋军已在柘皋（今安徽省巢湖市柘皋镇）大败金军。金军在撤退途中攻陷濠州（今安徽省凤阳县），并重创前来救援的杨沂中部。岳飞受命驰援，而金军已渡淮河北上。岳飞的抗命怠慢，可能只是长期与张俊争功的一次意气用事，但淮西之战恰恰是决定“绍兴和议”成败最关键的战役，岳飞犯了大忌。凡此种种，高宗都有理由杀他，但高宗却一再隐忍。现藏台北兰千山馆的高宗绍兴十一年二月十九日《赐岳飞批札卷》（岳珂《鄂国金佗稡编》卷第三《宗皇帝宸翰下》收录）云：“得卿九日奏，已择定十一日起发往蕲、黄、舒州界。闻卿见苦寒嗽，乃能勉为朕行。国尔忘身，谁如卿者？览奏再三，嘉叹无斁。以卿素志殄虏，常苦诸军难合。今兀尤与诸头领尽在庐州，接连南侵。张俊、杨沂中、刘锜等共力攻破其营，退却百里之外。韩世忠已至濠上，出锐师要其归路。刘光世悉其兵力，委李显忠、吴锡、张琦等夺回老小、孳畜。若得卿出自舒州，与韩世忠、张俊等相应，可望如卿素志。唯贵神速，恐彼已为遁计。一失机会，徒有后时之悔。江西漕臣至江州，与王良存应副钱粮已如所请委赵伯牛。以伯牛旧尝守官湖外，与卿一军相谙委也。春深，寒暄不常，卿宜慎疾，以济国事。付此亲札，卿须体悉。十九日二更。"可以看出，高宗担心岳飞拥兵割据，强忍内心窝火，一副无奈的体恤安抚语气。《建炎以来系年要录》卷一四一引南宋赵甡之《中兴遗史》云："张宪以军前统制为提举一行事务，得岳飞之子云书，遂欲劫诸军为辞，且曰：'率诸军径赴行在，乞岳少保复统军。'或曰：'不若渡江往京西，朝廷必遣岳少保来抚谕。得岳少保复统军，则无事。'语渐漏露，百姓皆昼夜不安，官司亦无所措置，唯忧惧而已。都统制王贵赴镇江府，诣枢密行府禀议。方回到鄂州，前军副统制王俊以其事告之，贵大惊。诸统制入谒贵，贵遂就执宪送于行府。张俊令就行府取劾。狱成，送大理寺。"《建炎以来系年要录》则谓，九月八日王俊向王贵首告："副都统张宪之谋据襄阳为变。"并言张宪之所以"为变"，是因"朝廷命诸将更朝行在，宪惧不得还，乃妄用金人侵犯上流，冀朝廷还岳飞复掌兵，而己为之副。会宪诣枢密行府白事，俊具所谋告之，以统制官傅选为证"。王贵即日报告了张俊，张俊"遂收宪"。此说有许多疑点，有人认为是张俊授意制造的冤案。据说秦桧向高宗汇报时，高宗相当惊骇，要求秦桧把岳飞找来与张宪和岳云对质。而据王明清《挥麈录·余话》卷二《王俊首岳侯状》，大理寺最终给岳飞定下的主要罪状是这样 2 条：自称 30 岁建节比肩太祖皇帝，淮西之战无视高宗 15 道御札催促逗留不进。比同太祖建节似政变之语，在前线不听指挥有割据之嫌，但也没有谋反的确切证据。不过高宗宁可信其有，不可信其无。不过就后来岳飞已被剥夺兵权的实际情况而言，高宗即便怀疑岳飞谋反，也已无必要杀他。所以此事当是多种因素综合的结果，主要原因可能是预防日后生患。

秦桧死后，高宗失去了主要倚仗，必须改变政策和策略，于是发起了一轮改革，史称"绍兴更化"。"绍兴更化"与北宋"元祐更化"（以司马光为首的旧党在元祐年间推翻王安石变法）有点相似，但并非翻天覆地的变革，而主要体现在革除时弊与恢复祖宗旧制两个方面，如宰枢（宰相、枢密使）分立、强化台谏、整顿吏治等。南宋陈贾《御史台厅壁记》云："绍兴更化，诏除公正之士，以革缔交合党之风。已而又降书札，刊元丰手诏于台院，盖欲遵用忠纯体国之人以成笃厚之政。"高宗将革除时弊与复祖宗旧制两者结合在一起，稳妥地进行了一些制度改革，主要是推行裕民政策。为争取人心，贬黜了秦桧旧属王会、曹泳、林一鸣等数十人，平反了冤狱，起用了一些新人和原来被打压的人。但高宗仍坚持和议方针，先后任用万俟卨、沈该、汤思退、陈康伯、朱倬为宰相，又以魏良臣、汤鹏举、陈诚之、叶义问、王纶、陈康伯等为核心人物，其中万俟卨、沈该、汤思退被认为是秦桧余党。如此安排体现了新旧两面，也能确保和议国策不变。秦桧死后宋金关系逐渐紧张，高宗也加强了军备，重新布置边防。绍兴三十一年（1161）九月完颜亮带兵南侵。因国内政变，完颜亮在前线被刺，战事暂停。而在这之前，因传来完颜亮准备南侵的消息，太学生程宏图、宋芑等上书要求正秦桧之罪、雪岳飞之冤以激忠义之气。《建炎以来系年要录》卷一九三载，高宗"诏蔡京、童贯、岳飞、张宪子孙家属令见拘管州军，并放令逐便。用中书门下省请也。于是飞妻李氏与其子霖等皆得生还焉"。岳州因曾为岳飞辖地，又与岳飞同姓，而改名纯州，后又改还岳州。这可以看作对秦桧清算、为岳飞平反的开始。绍兴三十二年六月孝宗继位，次月即为岳飞全面平反。恢复岳飞官爵，授其孙官职。隆兴元年（1163）七月发还江州原有田宅。淳熙五年（1178）应岳飞三子岳霖之请发还岳飞被抄走的奏章和高宗御札，为其追谥武穆。嘉泰四年（1204）宁宗追封岳飞为鄂王。宝庆元年（1225）理宗改谥忠武，赠太师，景定二年（1261）又改谥忠文。孝宗急于为岳飞平反，应与为北伐造舆论有关，后来为其追谥则是出于长期执政的考虑。这应当都是太上皇帝默许的，是孝宗与太上皇帝的共同决策。宁宗、理宗的追封与抗金战事再起有关，但也是这种政策的延续。

后人对秦桧和岳飞的评价受岳珂的影响很大。岳珂是岳霖之子，他在岳霖搜集资料的基础上加以补充，辑撰《鄂国金佗稡编》《鄂国金佗续编》（岳珂曾以奉议郎权发遣嘉兴军府兼管内劝农事，住在当时的嘉兴七十坊之一金佗坊。书名与此有关），为岳飞进行了系统翻案。《鄂国金佗稡编》共 28 卷，收录《高宗皇帝御札手诏七十六轴》《通序》《家集》《天定录》等史料以及《鄂王行实编年》（《大父先臣飞〈行实编年〉》）和《吁天辩诬录》。《鄂王行实编年》（卷四至卷九）是岳飞传记，由国子博士顾杞草成，岳霖、岳珂改成。《吁天辩诬录》（卷二〇至卷二五）为岳珂辩诬之作，计《建储辩》《淮西辩》《山阳辩》《张宪辩》《承楚辩》5 篇。元代修纂的官史《宋史》涉及岳飞史事的岳飞本传、何铸本传基本转抄《鄂王行实编年》《吁天辩诬录》。但《鄂国金佗稡编》《鄂国金佗续编》历来有较多争议。岳霖搜集资料时距岳飞去世已近 20 年。岳珂出生于淳熙十年（1183），岳飞已殁 42 年，他开始搜集资料时距岳飞去世已近 60 年。《鄂国金佗稡编》刊于嘉定十一年（1218），《鄂国金佗续编》刊于绍定元年（1228）。岳珂生活的时代距岳飞生活的时代久远，加上朝廷对历史档案的毁禁，相关史料很难保存下来，所以岳珂所辑不少当为传说。加上岳珂之为岳飞后人的特殊身份，感情成分较多，可信度令人怀疑。如前述《宋史》所说杀岳飞的原因，《鄂国金佗稡编》卷八《鄂王行实编年》云："查籥尝谓人曰：虏自叛河南之盟，岳飞深入不已。桧私于金人，劝上班师。金人谓桧曰：'尔朝夕以和请，而岳飞方为河北图，且杀吾婿，不可以不报。必杀岳飞，而后和可成也。'桧于是杀先臣以为信。"此说宇文懋昭《大金国志》等多种文献也加采信，事实上是一种没有根据的推测。绍兴十年（1140），完颜宗弼南侵，韩世忠、张俊、岳飞同时被任命为河南河北诸路

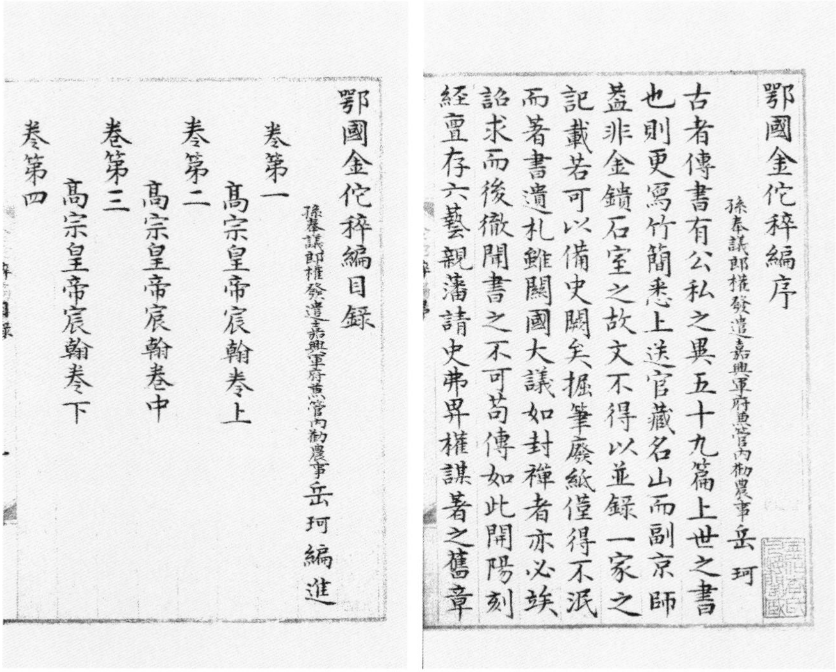

鄂國金佗稡編序
孫奉議郎權發遣嘉興軍府兼管内勸農事岳珂
古者傳書有公私之異五十九篇上世之書
也則更寫竹簡悉上送官藏名山而副京師
蓋非金鐀石室之故文不得以並録一家之
記載若可以備史闕矣摭筆廢紙僅得不泯
而著書遺札雖關國大議如封禪者亦必俟
詔求而後徹開書之不可苟傳如此開陽刻
經亶存六藝親藩請史弗畀權謀著之舊章

鄂國金佗稡編目録
孫奉議郎權發遣嘉興軍府兼管内勸農事岳珂編進
卷第一
高宗皇帝宸翰卷上
卷第二
高宗皇帝宸翰卷中
卷第三
高宗皇帝宸翰卷下
卷第四

图3-10 〔宋〕岳珂《鄂国金佗稡编》影宋蓝格钞本（台北“国家图书馆”藏）

招讨使。他们没有固定的防区和战场，可以同时在黄淮平原对金人自由开战。岳飞在郾城（今河南省漯河市郾城区）击败完颜宗弼。七月二十一日，岳飞接到12道诏令，从郾城撤军。这次撤退，经过后世演绎成为一桩巨大的悬案。包括《宋史》在内的正史和民间演义，都将岳飞撤退的地点记载为距离开封45里的朱仙镇，而不是距离开封近300里的郾城。《宋史》岳飞本传还浓墨重彩地记载了岳飞与完颜宗弼在朱仙镇的正面交锋：岳飞以500背嵬骑兵冲阵破完颜宗弼10万大军，完颜宗弼无奈只得逃回开封，甚至准备放弃开封渡河北还。随后岳飞接到朝廷的 12 道金牌，被迫撤军。撤走之前痛哭说："十年之力，废于一旦。"事实上，当时没有任何一支南宋军队在朱仙镇跟金兵打过仗。这一史料的来源也是《鄂国金佗稡编》《鄂国金佗续编》，这两本书对此有十几次渲染。而其实岳飞之所以从郾城撤军，是由于岳飞和部下都觉得孤军深入不可久留，本也是他们自己的计划。朝廷的撤军诏书只是正好给了他们撤军的理由。至于演义里说的，如果岳飞不撤军就能直捣黄龙迎回二圣，不过是一个美好的愿望。以岳飞当时的兵力，能不能攻下开封都难说，更不要说渡过黄河、跨越几千里去进攻金朝上京了。后代的文学艺术作品很多也取材于岳珂所辑。清钱彩《说岳全传》（《精忠演义说本岳王全传》）第五十八回《再放报仇箭戚方殒命　大破金龙阵关铃逞能》大肆演绎"朱仙镇大捷"，被许多人当作信史，影响很大。《鄂王行实编年》还记载，在郾城战役中岳飞大破金军"拐子马"（铁浮图）。岳珂说"拐子马"是以牛皮绳联络的 3 匹马，具有集团冲锋优势。而事实上这样做对马构成羁绊，根本行不通。邓广铭《有关"拐子马"的诸问题的考释》一文考订，"拐子马"是金国骑兵的一种战术，即中锋和左右两翼骑兵合围对手。岳珂所说完全是违背常识的臆测。

　　对于历史的认知，不仅需要以史实为基础，还需有更多的史识。明郎瑛《七修续稿》卷三《武穆不能恢复，秦桧再造南宋》指出："先生丘文庄公浚尝云：'秦桧再造南宋，岳飞不能恢复……'时以为确论也……丘盖原其情而论其时，知其必难矣，非以少岳也。以桧再造南宋，此则计孝宗之时，算其犒军之费止得十有三番，故难恢复……夫以孝宗之时尚财用之不足，高宗草创固可知矣。使急于用兵，徒促沦亡。故南渡以来虽多良将，帝常为贼驱；和议之后敌缓民养，国方有久立之规，是桧之心虽私而和之事则当。岂非鬼神阴有以成宋家之天下耶？丘盖原其事而究其理，非以右桧也。"或可引人思考。

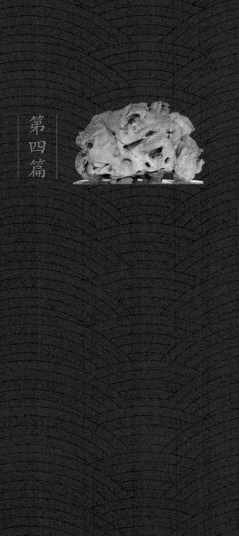

第四篇

# 后宫治政
## 与宋宁宗即位

# 绍熙政变

　　淳熙十四年（1187）十月初八太上皇帝赵构去世，次月孝宗诏令皇太子赵惇参决政务，自己则为高宗守孝 3 年。淳熙十六年二月禅位于赵惇，是为宋光宗。孝宗续为太上皇帝，移居德寿宫，改德寿宫名为重华宫。次年改元绍熙，以合绍兴、淳熙之义，表明光宗遵行高宗和孝宗两朝政策。光宗诏定每 5 日一朝重华宫，孝宗则以自己故事定为每月 4 次。光宗与孝宗在重华宫共商国是，开创了新一轮两宫共治时代，延续了内禅圣政。光宗尊孝宗为至尊寿皇圣帝，尊孝宗皇后谢氏为寿成皇太后，尊太上皇后吴氏为寿圣齐明广慈备福皇太后，绍熙四年（1193）改为寿圣隆慈备福皇太后。

　　光宗共执政 5 年，前 3 年有所作为。一是连下 3 道诏书以进言，要求官员指陈时政阙失，详定新政。二是减免赋税。据《宋史》卷三六《本纪第三十六·光宗》，前 3 年即下减放赋税诏令十几道。如"蠲公私逋负及郡县淳熙十四年以前税役"。三是不拘一格选用人才。如突破高宗宗室不得为官的规矩，擢太宗长子赵元佐七世孙赵汝愚为知枢密院事。绍熙四年（1193）51 岁的陈亮参加会试，礼部奏名列第三，光宗阅其策文后擢为

图4-1　故宫南薰殿旧藏《宋光宗像》（台北故宫博物院藏）

第一。陈亮曾因反对和议3次入狱，光宗并不歧视。据南宋佚名《续编两朝纲目备要》卷一《光宗朝》，3年间臣僚向朝廷推荐的人才多达八九百人。四是整饬吏治。如严惩赃吏、严格执行赃吏连坐法，对因恩荫得官者别加考试，铨试合格后还须通过吏部官员会同博士、正录主持的帘前引试。这些措施与"绍兴中兴""乾淳之治"一脉相承，是内禅圣政的延续，一定程度上还有除旧布新的气象。

光宗皇后李凤娘是彰德府安阳县（今河南省安阳县）人，庆远军节度使、赠太尉李道之女。《宋史》卷二四三《列传第二·后妃下》载："初，后生，有黑凤集道营前石上，道心异之，遂字后曰凤娘。道帅湖北，闻道士皇甫坦善相人，乃出诸女拜坦。坦见后惊不敢受，拜曰：'此女当母天下。'坦言于高宗，遂聘为恭王妃，封荣国夫人，进定国夫人。乾道四年生嘉王，七年立为皇太子。"然而李凤娘性妒悍且十分残忍，贵为皇后以后更是擅作威福，乃至肆无忌惮。"封三代为王，家庙逾制，卫兵多于太庙。""归谒家庙，推恩亲属二十六人、使臣一百七十二人。下至李氏门客，亦奏补官。"时人以为推恩之广为"中兴以来未有也"。又践踏后宫规矩，为太上皇帝和太上皇后侧目。光宗即位不到3年精神出现问题，李氏进一步干政。光宗有3个儿子，长子和三子夭折，次子赵扩于淳熙十六年（1189）封嘉王。光宗遣名儒沈清臣、黄裳、孙逢吉、陈傅良、章颖、黄由、彭龟年等培养皇子，但赵扩生性不敏，学问少有长进。周密《癸辛杂识》续集卷下《宁宗不慧》条载："或谓宁宗不慧而讷于言，每北使入见，或阴以宦官代答。"右丞相留正多次向光宗密奏，请立其为皇太子，但光宗坚持听从太上皇帝赵昚的意见。赵昚认为赵扩不慧，一是因对光宗和皇后不满，更主要的可能是另有人选。赵昚二子赵恺生有一子赵柄。赵柄早慧，与赵扩形成鲜明对比。赵昚因越次立储有愧于赵恺，对赵柄更是钟爱有加，内禅前夕特意进封他为嘉国公，可能有立其为皇太子的打算。《宋史》卷二四三《列传第二·后妃下》又载："后请立嘉王为太子，孝宗不许。后曰：'妾六礼所聘，嘉王妾亲生也，何为不可？'孝宗大怒。后退，持嘉王泣诉于帝，谓寿皇有废立意。帝惑之，遂不朝太上。"李氏此言影射太皇太后吴氏和皇太后谢氏皆庶出，并非"六礼所聘"，赵昚也非高宗亲生，极大地刺痛了赵昚的心。光宗也因此与赵昚发生冲突，李氏则借机控制光宗，越发跋扈。有一次，光宗洗手时见端着盥盆的宫女双手细白，忍不住多看了几眼。几天后李氏派人送来一个食盒，光宗打开一看，里面装的竟是那个宫女的双手。绍熙二年（1191）十一月，李氏又趁光宗外出祭祀天地之际杀了他所宠爱的贵妃黄氏。光宗祭祀时又突遭大风雨，黄坛蜡烛尽灭，不能成礼。他原有严重的"心疾"即心理疾病，受这一系列事件刺激，病情恶化，不再上朝，政事多决于李氏。绍熙五年五月赵昚病重，李氏见他已奈何不了自己，便再也不让光宗去重华宫。

绍熙五年（1194）六月初八赵昚病逝，享年68岁。次日左丞相留正与知枢密院事赵汝愚率百官进奏光宗，请他前往重华宫主持丧礼，光宗拒不出宫，违反定省之礼，酿成"过宫事件"。百官又提议立嘉王为皇太子，光宗也一反常态，坚决予以拒绝。数日后，在知枢密院事余端礼的提议下，留正与赵汝愚商定，请寿圣隆慈备福皇太后吴氏垂帘主持丧事，并立嘉王为皇太子，以代替光宗监国、执丧。但吴氏不同意垂帘。光宗不临丧，葬礼无法进行，临安城内政局不稳的谣言四起。《鹤林玉露》卷四甲编《绍熙内禅》载："朝士有潜遁者，近幸富人，竞匿重器，都人惶惶。"《宋史》卷三九《列传第一百五十一·赵汝愚（子崇宪）》又载，留正等大臣只得再次向光宗奏请建储，宫内传出御批说"甚好"。次日晚上，又有御批说："历事岁久，念欲退闲。"留正对这个御批是否为真深感怀疑。当他获知赵汝愚等欲强迫光宗禅位后十分惊恐，借口早朝伤足而致仕。赵汝愚与另一宗室大臣、工部尚书赵彦逾商议，决定强迫光宗内禅。他们让吴氏侄子吴琚入重华宫争取支持，但吴琚不敢参与。"吴琚素畏慎，且以后戚不欲与闻大计，此议竟格。"再让知阁门事韩侂胄通过重华宫提举关礼、慈福宫内侍张宗尹陈请，才得吴氏允准。《宋史》卷四三四《列传第一百九十三·儒林四》载："知枢密院赵汝愚忧危不知所出，适告知阁门事蔡必胜曰：'国事至此，子为近臣，庸坐视乎？'蔡许诺，与宣赞舍人傅昌朝、知内侍省关礼、知阁门事韩侂胄三人定计。侂胄，太皇太后甥也。会慈福宫提点张宗尹过侂胄，侂胄觇其意以告必胜。适（按：叶适）得之，即亟白汝愚。汝愚请必胜议事，遂遣侂胄因张宗尹、关礼以内禅议奏太皇太后，且请垂帘。许之。计遂定。"赵彦逾又争取殿前都指挥使

图4-2 故宫南薰殿旧藏《宋宁宗像》（台北故宫博物院藏）

郭杲、侍卫亲军步军司副都指挥使阎仲出动禁军守卫南、北内。

《宋史》卷三七《本纪第三十七·宁宗一》载，绍熙五年（1194）七月初五禫祭（除丧服时祭礼），吴氏在重华殿垂帘主持赵昚丧事，宣谕楼钥代拟诏："皇帝以疾，未能执丧。曾有御笔，欲自退闲。皇子嘉王扩可即皇帝位，尊皇帝为太上皇，皇后为太上皇后。"韩侂胄将事先准备的黄袍披到嘉王身上，扶他登上皇位，是为宋宁宗。宁宗即位后，尊光宗为寿仁太上

皇帝，李氏为寿仁太上皇后，移住泰安宫。册正妻韩氏为皇后。光宗当时尚被蒙在鼓里，事后无可奈何，赖在寝殿福宁殿不肯搬往泰安宫，也拒绝接受宁宗朝见。宁宗只得暂居重华宫。七月十九日，宁宗以秋天暑热为由宣布太上皇帝不用移居，以所居寝殿为泰安宫。十月初三又将泰安宫更名为寿康宫，并于当月开始营建新福宁殿。十一月十九日，宁宗搬到新福宁殿。宁宗在重华宫居留了4个半月，并在此理政。

绍熙内禅实际上是一次政变，但它客观上化解了一场政治危机。而自宋高宗内禅以后，内禅事实上成为一种祖宗之法。孝宗也成为一个榜样。这种祖宗之法为绍熙内禅提供了重要的法理依据。当然，绍熙内禅不可能再形成皇帝与太上皇帝两宫共治格局，退位的光宗和李氏不具备前两代太上皇帝、太上皇后的政治影响力。但它也提供了另一种可能，即吴氏与曾孙赵扩的跨代共治。

# 内禅政治余响

　　绍熙内禅是南宋内禅政治的余绪。由于它是年迈的吴氏与权臣共谋的结果，一方面继续短时期维系了两宫共治的局面，另一方面也开启了相权政治。吴氏在绍熙内禅时进行了短暂的禫祭听政，随后又与寿成皇太后谢氏一道与宁宗共理国政，其中包括与韩侂胄、宁宗皇后韩氏的联合。韩侂胄败亡后，宁宗皇后杨氏与右丞相史弥远在一定程度上延续了这种政治形态。

　　宋宁宗赵扩（1168—1224），光宗赵惇与慈懿皇后李凤娘次子。淳熙五年（1178）十月任明州观察使，封英国公。淳熙十二年封平阳郡王，淳熙十六年封嘉王。绍熙内禅后的第二年改年号"庆元"，尊光宗为太上皇帝、李氏为寿仁太上皇后。庆元元年（1195）十一月十七日，尊光宗为圣安寿仁太上皇帝、李氏为寿仁太上皇后，尊寿成皇太后谢氏为寿成惠慈皇太后，尊寿圣隆慈备福皇太后吴氏为寿圣隆慈备福太皇太后，庆元二年十月三日改尊寿圣隆慈备福光佑太皇太后。庆元三年十一月吴氏去世后，北内仅居寿成惠慈皇太后。宁宗于其寿诞时铸祝寿钱币，上铸"寿慈万春"4字。宁宗先后任用赵汝愚和韩侂胄为相。庆元元年罢免赵汝愚，韩侂胄控制朝政。次年又定理

图4-3  复建的德寿宫宫墙

学为伪学，禁止赵汝愚、朱熹等人担任官职、参加科举，是为"庆元党禁"。其执政期间发生了两次规模较大的宋金战争。第一次是开禧二年（1206）韩侂胄主导的开禧北伐，以失败告终，签订"嘉定和议"。第二次从嘉定十年（1217）到嘉定十七年，金军数次南侵，宋军进行了有效抵抗。宁宗即位时 27

岁。从绍熙内禅时的表现来看，宁宗心智尚不成熟，缺乏执政经验，所以执政初期受太皇太后吴氏、皇太后谢氏以及韩侂胄的影响较大。当时实际上形成了两种权力架构，外朝由赵汝愚主导，内朝则由吴氏、谢氏和宁宗主导，韩侂胄既是内朝的传令人，也是参政者。由此实际上形成新的两宫共治或内禅政治格局。吴氏、谢氏去世以后，南宋内禅政治彻底结束。

太皇太后吴氏禫祭听政时间非常短，仅绍熙五年（1194）七月初五禫祭当日和次日两天。《四朝闻见录》丁集《宁宗皇帝一朝详具大事》载："翌日，并召嘉王暨吴兴（按：吴兴郡王赵扐）入，宪圣（吴氏）大恸不能声。先谕吴兴曰：'外议皆谓立尔，我思量万事当从长。嘉王长也，且教他做。他做了尔却做，自有祖宗例。'吴兴色变，拜而出。嘉王闻命，惊惶欲走。宪圣已令知阁门事韩侂胄掖持，使不得出。嘉王连称：'告大妈妈（按：吴氏），臣做不得，做不得。'宪圣命侂胄：'取黄袍来，我自与他着。'王遂掣侂胄肘环殿柱。宪圣叱王立侍，因责王以'我见尔公公，又见尔大爹爹，见尔爷，今又却见尔'。言讫，泪数行下。侂胄从旁力以天命劝。王知宪圣圣意坚且怒，遂衣黄袍，亟拜不知数。口中犹微道'做不得'。侂胄遂掖王出，唤百官班，宣谕宿内前诸军以嘉王嗣皇帝已即位，且草贺。欢声如雷，人心始安……王既即位，翌日，侂胄侍上诣光皇问起居。光皇疾，有间问：'是谁？'侂胄对曰：'嗣皇帝。'光皇瞪目视之曰：'吾儿耶？'又问侂胄曰：'尔为谁？'对曰："知阁门事臣韩侂胄。'光皇遂转圣躬面内。时唯传国玺犹在上侧，坚不可取。侂胄以白慈懿，慈懿曰：'既是我儿子做了，我自取付之。'即光宗卧内掣玺。"这次垂帘听政颇具戏剧性，但完成了皇位继承的全部法理程序。吴氏先告知赵扐不再继位，赵扩闻讯则对继位惶恐推辞，还环抱殿柱拒绝穿黄袍，在吴氏以泪相劝下才完成典礼。第二天吴氏又让韩侂胄到光皇处取玉玺。完成这些必要程序后，吴氏即撤帘。

绍熙五年（1194）绍熙内禅时吴氏已 81 岁高龄，不可能过多参与政事，只能借助韩侂胄和宁宗皇后韩氏加以辅佐，另外也有皇太后谢氏的辅助。韩侂胄是北宋名臣韩琦的曾孙，其母为吴氏之妹，其妻为吴氏侄女，韩氏则是其侄女，与两宫有三

图4-4 复建的德寿宫座饰

重亲戚关系。宁宗即位后，赵汝愚以宁宗即位"定策功"迁枢密使，进而升任右丞相。左丞相留正被召回，但因与赵汝愚有矛盾，当年八月即被赵汝愚等以擅去相位而劾罢，赵汝愚独相。韩侂胄原想担任节度使，结果只得了个汝州防御使的官职。赵彦逾本想入为执政，不料出任四川安抚制置使兼知成都府。两人与赵汝愚争斗不断，赵汝愚庆元元年（1195）二月被贬，以观文殿学士出知福州。韩侂胄在很大程度上是利用其特殊的后宫关系取得斗争优势的。枢密使原是内廷差遣，五代开始外朝化。北宋中期以后文官占据枢密院长贰职位，武选官被排斥于中央高层行政权力之外，阁门司等内廷机构成了武选官在中央最重要的职位资源。阁门司直接服务于最高统治者，官员多出身于外戚勋贵。从神宗朝开始，阁门官员依凭皇权，试图重返枢密院。南宋孝宗则明确提出要以武臣为枢密长贰，希望以此提高军队的战斗力，但没有成功。不过阁门司仍有非同寻常的权力。宋代阁门司掌礼宾赞引，扼守皇帝与百官之间的信息通进要路，是直接服务于最高权力者的内廷机构。孝宗的改革虽然没有成功，但阁门官员的势力却因此而得到扩张。绍熙政变后韩侂胄继续担任知阁门事，在宁宗滞留重华宫期间，与宁宗和太皇太后等联系更多。《宋史》卷三九五《列传第一百五十四·楼钥、李大性、任希夷、徐应龙、庄夏、王阮、王质、陆游、方信孺、王柟》载，韩侂胄"自以有定策功，且依托肺腑，出入宫掖，居中用事"，"以知阁门事与闻传命，颇有弄权之渐"。绍熙五年十一月又兼枢密都承旨，不久任保宁军承宣使、提举佑神观，最终在与赵汝愚的权力争夺中占据上风。在宁宗执政初期，宁宗和太皇太后实际上也通过韩侂胄建立了新型的两宫政治。宁宗朝前期的一些善政，如减轻赋税、赈荒救灾等，都是这种政治方式的成果。《宋史》卷三七《本纪第三十七·宁宗一》载，庆元元年初夏，临安大疫，"出内帑钱为贫民医药、棺敛费及赐诸军疫死者家"。九月，蠲免临安府水灾贫民赋，蠲免台州、严州（今属浙江省杭州市）、湖州被灾民丁绢。

　　赵汝愚执政后，将与其友善的左司谏章颖升为侍御史，将原嘉王府翊善黄裳升为给事中，陈傅良、彭龟年并除中书舍人。绍熙五年（1194）八月又从潭州（湖南省长沙市）召回朱熹，任以焕章阁待制兼侍讲，朱熹成为宁宗的老师。又收召李祥、杨简、吕祖俭等道学家入朝。由此控制了言路和经筵，结成了

图4-5　〔明〕郭诩《文公先生像》（私人藏）

以他为首的道学家及其追随者的集团。韩侂胄、赵彦逾深为不满，指赵汝愚结党营私，以宗室干政，力图将以他与朱熹为首的道学家及其信徒逐出朝廷。朱熹做侍讲后，对宁宗很严，乃至声色俱厉，有师道尊严的架势。旧制是单日早晚进讲，双日休息，朱熹要求每天早晚都讲。其所讲为正心诚意、人欲天理等等，宁宗不感兴趣，不堪重负。朱熹还借机攻击韩侂胄，并多次上疏议论朝政。朱熹《晦庵先生朱文公文集》卷一四《甲寅行宫便殿奏札一》载，他还要宁宗对太上皇帝作"问安视膳之行"。十日一至而不得见就五日。仍不得见，则三日、两日甚至每日一行。如果太上皇帝不见，则"俯伏寝门，怨慕号泣。虽劳且辱，有所不惮"。当年闰十月，被朱熹搞得厌烦透顶的宁宗，在韩侂胄的鼓动下免去了其侍讲一职。随后陈傅良、彭龟年、刘光祖等也被贬，庆元元年（1195）二月，赵汝愚以宗室居相位非祖宗典故被贬。

吕祖俭以及太学生杨宏中等为赵汝愚、朱熹鸣不平，又一次掀起太学生运动，遭到韩侂胄势力的围攻。清徐乾学《资治通鉴后编》卷一三〇载，庆元元年（1195）七月，御史中丞何澹上疏斥道学为伪学，提出"因名而察实，录其真而去其伪"，"专师孔孟，不必自相标榜"，深得宁宗好评。宁宗下诏"榜于朝堂"。庆元二年二月诏禁省试以"伪学"取士。八月，太上少卿胡纮上疏建议打击"伪学"。道学正式被打成"伪学"，朱熹等人被影射为"伪学之党"。十二月，监察御史沈继祖等给朱熹加上"十大罪状"，言其别有政治阴谋，要求严惩他和门徒。朱熹被削秘阁修撰等职。《宋史》卷三七《本纪第三十七·宁宗一》载，庆元三年二月，宁宗应大理司直邵褒然奏请下诏："自今权臣、伪学之党，勿除在内差遣。"六月右正言刘三杰再劾朱熹，进而将"伪学之党"称为"逆党"。九月下诏："监司、帅守荐举改官，勿用伪学之人。"这些在很大程度上剥夺了道学家及其信徒做官和升迁的资格。十二月根据绵州知州王沇奏请立"伪学逆党籍"。据《建炎以来朝野杂记》甲集卷六《学党五十九人姓名》，被打入党籍的共有 59 人，其中宰执有赵汝愚、留正、周必大、王蔺 4 人，阁职待制以上有朱熹、徐谊、彭龟年、陈傅良、薛叔似、章颖、郑湜、楼钥、林大中、黄由、黄黼、何异、孙逢吉 13 人，余官有刘光祖、吕祖俭、叶适、杨芳、项安世、李埴、沈有开、曾三聘、游仲鸿、吴猎、李祥、杨简、赵汝谠、赵汝谈、陈岘、范仲黼、汪逵、孙元卿、袁燮、陈武、田澹、黄度、张体仁、蔡幼学、黄灏、周南、吴柔胜、王厚之、孟浩、赵巩、白炎震 31 人，武臣有皇甫斌、范仲壬、张致远 3 人，士人有杨

宏中、周端朝、张道、林仲麟、蒋傅、徐范、蔡元定、吕祖泰
8 人，大体涵盖了道学的主要成员。韩侂胄继庆元二年任开府仪
同三司后，庆元四年五月又加少傅，推使宁宗诏禁伪学。史称"庆
元党禁"。庆元党禁实质上是一场政治斗争，被打击的对象有
些是道学家及其信徒，有些则不是，如留正、王蔺等人。嘉泰
二年（1202）二月，韩侂胄感到道学势力已不成气候，加之积
极主张禁道学的左丞相京镗于 2 年前病逝，何澹、胡纮等人也
相继离开朝廷，为加强内部团结策动北伐，他请宁宗下诏弛学禁。
不久又追复赵汝愚、朱熹等人的官职。周必大、留正等人还在世，
分别被赐予少傅、少保等官致仕，其他人之禁也被解除。

吴氏在破除庆元党禁中发挥了重要作用。庆元元年（1195）
四月，余端礼自知枢密院事兼参知政事除右丞相，次年二月又
迁左丞相，同年四月罢。在这 1 年时间里，他为保全赵汝愚等
进行了多次调停，阻止了韩侂胄将赵汝愚等定为"逆党"的企图，
为以后松弛党禁留下余地。不过余端礼的调停效果还是有限的。
余端礼罢相后 2 个月，新任度支郎中、淮西总领张釜申禁伪学，
并因此而得迁左司郎中。与此同时，中书舍人汪义端又引唐代
李林甫故事，以伪学之党皆名士，建议根株断除。此举引发了
由太皇太后吴氏推动的再度调停。这次调停是在王大受、吴琚
建议下做出的。王大受是叶适弟子，又是吴琚门客。《四朝闻
见录》丁集《庆元党》载："大受又请琚白太后，请外廷毋更
论往事。大受力居六七（水心先生题王大受《拙斋诗稿》），
然事关宫闱，联晼戚，至秘，虽韩氏亦不知。吴公琚与大受所
发，固非当时外廷与武夷弟子之所知。微水心先生发明之，则

后之作史者安考？"吴氏让宁宗下诏制止。李心传《道命录》卷七上载："中书舍人汪义端以赵丞相之门多佳士也，引唐李林甫故事，欲根株断除之。一时善类贬斥相继，宪圣慈烈皇后闻而非之。六月二十六日御笔：'今后绘舍、台谏论奏，不必更及旧事，务在平正，以称朕救偏建中之意。'命下，右谏议大夫刘德秀、监察御史姚愈、张伯垓力争以为不可，乃改为'不必专及旧事'。"对于张釜、汪义端等将对赵汝愚一党的打击进一步升级的提议，吴氏颇不以为然。她借助宁宗御笔告诫台谏、给舍官对"旧事"不许再提，即不准再对赵汝愚及其支持者穷追猛打，希望借此将朝廷的政策导向"救偏建中"，以维护稳定。面对来自台谏的阻挠，吴氏做了一些让步。《道命录》卷七下又载，她同意将"不必更及旧事"改为"不必专及旧事"。党禁在此后不久被打开了缺口，其契机是庆元二年六月，也就是"御笔事件"发生的同月稍后宁宗皇子赵垍的出生。时以赦免名义安置了一批被处置的官员。"庆元二年六月，上始得子，太皇太后命礼部、太常寺、国史院讨论典礼，校书郎陈岘寿南以为可因此还流人之在岭外者，同列难之。已而用七月十一日德音，移子宜（按：徐谊）袁州安置。"《建炎以来朝野杂记》甲集卷一《兖冲惠王》又载："兖冲惠王垍，上第二子也，庆元二年六月生……七月丙戌，德音降天下死罪囚，释流以下……戊子，流人吕祖俭、徐谊等省量移内郡。"

# 传奇美后

与德寿宫有关的女性——高宗皇后吴氏、孝宗皇后谢氏都是内禅政治的重要主体或当事人。吴氏女侍杨氏，曾随其居慈福宫 25 年，后为宁宗皇后。她们不仅贤德美艳，而且具有政治才能，在南宋发挥过重要的历史作用。

高宗为康王时娶朝请郎邢焕之女邢氏，封嘉国夫人。"靖康之难"中，邢氏等康王的 3 位妻妾还有 5 个女儿被掳。一同被掳的曹勋南逃时，邢氏托其将一只耳环转交给高宗。高宗收到耳环后非常珍惜，遥册她为皇后，并授予其亲属 25 人为官。绍兴九年（1139）邢氏去世，年仅 34 岁。高宗第二位皇后吴氏（1115—1197）与邢氏一样也是开封人。《宋史》等史籍记载她 14 岁入宫，即建炎二年（1128），实际上应更早。据《四朝闻见录》乙集《宪圣不妒忌之行》所记，她曾侍候过徽宗，是徽宗将其赐予康王的。《宋史》卷二四三《列传第二·后妃下》载，吴氏父亲吴近在女儿降生前曾梦到一亭，匾名"侍康"。亭子两旁遍种芍药，独放一花，殊妍丽可爱。花下还有一只白羊。吴氏被选康王府，方解"侍康"梦兆。吴氏秀外慧中，在高宗最危难之际伴随左右，在其理政之际相为支持，最终又为其送终。高宗即位之初，外受金兵追击，内受兵变威胁，她身着戎装相护持，一派英姿，深得高宗喜爱。她知书明理，且颇有胆略，不仅保护高宗，也为他出谋划策。高宗到四明（今浙江省宁波市）时，卫士计划变乱，入宫问皇帝在哪里。吴氏骗过他们使高宗得以免祸。高宗在金军追击下乘船入海，在从定海（今浙江省宁波市镇海区）转赴昌国（今浙江省舟山市定海区）途中封她为和义郡夫人，建炎四年（1130）又进封才人。吴氏博通书史，又善书法，宠遇日隆。绍兴十年（1140）与婕妤张氏并封婉仪，绍兴十二年封贵妃。是年高宗母韦氏南归，高宗得知邢氏已死，此时中宫已经虚位 16 年。邢氏谥懿节，后于淳熙十五年（1188）改谥宪节。高宗时常思念邢氏，郁郁不乐。吴氏善解人意、饱谙世故，为人做事精明周详，请求让自己的侄儿吴珣、吴琚分别迎娶邢家的两个女儿，以安慰高宗。这年张氏卒，次年 29 岁的吴氏被册立为皇后。传说韦氏因吴氏曾在徽宗身边侍奉有所忌讳，反对立其为后。韦氏生性严肃，吴氏亲自侍奉其起居，顺适她的旨意，博其好感。吴氏还绘古列女图以为借鉴，又取《诗序》义以"贤志"为堂匾。《四朝闻见录》乙集《宪圣不妒忌之行》载："宪圣（按：吴氏）初不以色幸，自渡南以来，以至为天下母，率多遇鱼贯以进，即以疾辞。思陵（按：高宗）念其勤劳之久，每欲正六宫之位，而属以太后（按：韦氏）远在沙漠，不敢举行。上尝语宪圣曰：'极知汝相同劳苦，反与后进者齿，朕甚有愧。俟姐姐（谓太后）归，尔其选已。'宪圣再拜，对曰：'大姐姐远处北方，臣妾缺于定省。每遇天日清美，侍上宴集，才一思之，肚里泪下。臣妾诚梦不到此。'

上为泣下数行，愈以后为贤。暨太后既旋銮驭，以向尝与宪圣均为徽宗左右，徽宗遂以宪圣赐高宗，太后恐宪圣记其微时事，故无援立意。上侍太后，拜而有请曰：'德妃吴氏，服劳滋久。外廷之议，谓其宜主中馈。更合取自姐姐旨。'太后阳语上云'这事由在尔'，而阴实不欲。上遂批付外廷曰朕奉太后之命云云，德妃吴氏云云，可立为后。后遂开拥佑三朝之功云。"《宋史》卷二四三《列传第二·后妃下》则言："宪节皇后崩闻至，秦桧等累表请立中宫，太后亦言。"不管怎么说，韦氏至少不阻挠了。

赵伯琮即后来的赵昚当初以宗子身份被召入宫，高宗命时为婕妤的张氏养育。当时吴氏还是才人，也请养赵伯玖，更其名为璩。张氏死后，两个儿子都由吴氏养育。她对他们关怀备至。赵伯琮秉性恭俭，喜欢读书，高宗和吴氏都喜欢，封为普安郡王。《宋史》卷二四三《列传第二·后妃下》载，吴氏曾经对高宗说："普安，其天日之表也！"高宗决定立他为皇太子。绍熙五年（1194）正月，光宗率领群臣为她举行庆寿礼。嘉王在旁边侍奉，吴氏勉励他以读书辨邪正、立纲常为先。

吴氏于庆元三年（1197）十一月初二去世，谥宪圣慈烈皇后。开禧元年（1205）刊有《宪圣慈烈皇后圣德事迹》。高宗去世以后，她实际上一直是两宫政治的重要主体，为南宋前期的政局稳定和经济社会发展做出巨大贡献。在两宫政局中，吴氏很有分寸、恰到好处地与皇帝维持着一种互动辅政关系，既没有后宫干政之嫌，也没有被边缘化，是南宋内禅政治的另一页华彩篇章。吴氏在后位（包括皇后、皇太后、太皇太后）长达 56 年，历经

高宗、孝宗、光宗、宁宗
4朝,辅佐他们执政,影
响巨大,具有极高的威望。

孝宗赵昚先后有郭
氏、夏氏、谢氏3位皇
后。郭氏是赵昚为普安郡
王时所纳,绍兴二十六年
(1156)去世,赵昚登基
后被追封为皇后。夏氏是
吴氏侍女,郭氏去世后被
赐予赵昚。赵昚即位第二
年被立为皇后,乾道三年
(1167)去世。淳熙三年
(1176),谢氏被立为皇
后。谢氏(1132—1203)
是丹阳人,幼失怙恃,由
翟氏收养,改姓翟。长大
后选入宫中,为吴氏侍女。
谢氏贤德貌美且聪慧,跟

图4-6 故宫南薰殿旧藏《宋高宗皇后吴氏像》(台北故宫博物院藏)

随吴氏后识字阅读,更是变得知书达礼。吴氏十分喜爱她,将
其与夏氏一同赐予普安郡王。赵昚即位后进婉容,次年进贵妃。
淳熙三年与孝宗一同到德寿宫,太上皇帝谕以立后意,随即立
为皇后,复姓谢。其亲属10人受封赏。谢氏对孝宗十分体贴,
自奉甚俭。她精心侍奉孝宗饮食,自己则减省美食,甚至还自

图4-7　故宫南薰殿旧藏《宋孝宗皇后谢氏像》（台北故宫博物院藏）

己洗衣服。《宋史》卷二四三《列传第二·后妃下》载："弟渊以后贵，授武翼郎。后尝戒之曰：'主上化行恭俭，吾亦躬服汗濯，尔宜崇谦抑，远骄侈。'"谢渊遵姐姐教诲，后官至太尉、开府仪同三司、三少（少傅、少保、少师），封和国公，卒赠太保。谢氏在"过宫事件"发生后安慰孝宗，又在绍熙政变时支持吴氏，此后继续维持内禅政治格局，稳定了朝政。嘉泰二年（1202），宁宗上尊号寿成惠佑慈圣太皇太后。次年谢氏去世，终年72岁，谥成肃。

宁宗第二位皇后杨氏（1162—1232）原来也是吴氏侍女。《宋史》称其为会稽（今浙江省绍兴市）人，而1987年发现的《弘农杨氏宗谱》又有严州遂安（今浙江省淳安县）人之说。杨氏经历颇具传奇色彩。《齐东野语》卷一〇《杨太后》载："慈明杨太后养母张夫人善声伎。随夫出蜀，至仪真长芦寺前僦居。主僧善相，适出见之，知其女当贵。因招其父母饭，语之故。且勉之往行都，当有所遇。以无资告，僧以二千楮假之，遂如杭。或导之入慈福宫，为乐部头。后方十岁，以为则剧孩儿。宪圣尤爱之，举动无不当后意。有嫉之者，适太皇入浴，侪辈俾服后衣冠为戏，因譖之后。后笑曰：'汝辈休惊，他将来会到我地位上在。'其后茂陵（按：宁宗）每至后所必目之，后知其意。一日内宴，因以为赐，且曰：'看我面，好好看他。'傅伯寿草《立后制》有云：'洪唯太母，念我文孙。美其冠于后庭，俾之见于内殿。'盖纪实也。既贵，耻其家微，阴有所遗，而绝不与通。密遣内珰求同宗，遂得右庠生严陵杨次山以为侄。既而宣召入见，次山言与泪俱，且指他事为验，或谓皆后所授也。后初姓某，至是始归姓杨氏焉。次山随即补官，循至节钺郡王云。"说杨氏自小有贵相。其母张氏后来入慈福宫为乐班头目，杨氏也表演一些孩儿戏，十分伶俐可爱，深得吴氏垂爱，后来成为吴氏侍女。时为嘉王的宁宗垂涎杨氏美色，每到慈福宫就盯着她看。尽管宁宗比杨氏小 7 岁，吴氏还是顺水推舟，于庆元元年（1195）三月将杨氏赐予即位不久的宁宗。庆元三年，杨氏封平乐郡夫人，次年封婕妤，又次年封婉仪，再次年封贵妃。《宋史》卷二四三《列传第二·后妃下》称她"颇涉书史，知古今，性复机警"，既颇涉书史、能诗善画，更是工于心计。她很快将一个比自己大二十几岁的武学生杨次山认作兄弟，以巩固和提高自己在后宫中的地位。庆元六年，宁宗皇后韩氏去世。韩侂胄认为杨氏善权谋，而美人曹氏性柔顺，劝宁宗立曹氏为后，但嘉泰二年（1202）宁宗以杨氏知古今、性机警立之为后。杨氏后来很感念吴氏恩德。她在自己的殿阁内贴着吴氏家族成员名单，常常指着一些名字问左右其所居官职，要求优先授官。

　　杨氏与韩侂胄结怨后，密谋于杨次山，趁韩侂胄开禧北伐失利，瞒着宁宗于开禧三年（1207）与时任礼部侍郎兼资善堂翊善的史弥远、礼部尚书卫泾、著作郎王居安、前右司郎官张镃等设计将其斩杀。宁宗9个亲生儿子全部早夭，先立赵询为皇太子，但赵询28岁即去世，再立赵竑为皇太子。嘉定元年（1208）十月，史弥远升任右丞相。赵竑对史弥远擅权跋扈不满，史弥远谋立赵昀。《宋史》卷二四三《列传第二·后妃下》载："弥远为丞相，既信任于后，遂专国政，竑渐不能平。初，

图4-8　故宫南薰殿旧藏《宋宁宗皇后杨氏像》（台北故宫博物院藏）

竑好琴，弥远买美人善琴者纳之，而私厚美人家，令伺皇子动静。竑嬖之。一日，竑指舆地图示美人曰：'此琼崖州也，他日必置史弥远于此地。'美人以告弥远。竑又书字于几曰：'弥远当决配八千里。'竑左右皆弥远腹心，走白弥远。弥远大惧，阴蓄异志，欲立他宗室子昀为皇子，遂阴与昀通。"嘉定十七年闰八月初三宁宗去世当天召赵昀入宫，前后7次逼杨氏立其为帝。在其威逼下，杨氏权衡利害关系后被迫同意。"弥远等召昀入，后拊其背曰：'汝今为吾子矣！'遂矫诏废竑为济王，

立昀为皇子，即帝位，尊皇后曰皇太后，同听政。"是为宋理宗。理宗登基后，为宁宗上谥法天备道纯德茂功仁文哲武圣睿恭孝皇帝，尊杨氏为皇太后，并请其垂帘听政。不过杨氏并没有多干政，只是将垂帘听政看作对她的尊重，宝庆元年（1225）主动向百官宣布撤帘，还政理宗。这距她开始垂帘听政还不到 8 个月。理宗曾两次恳求其继续垂帘，她都没有答应，而移驾慈明殿安享晚年。绍定四年（1231）七十大寿时，理宗为其加尊号寿明仁福慈睿皇太后。杨氏于次年去世，谥恭圣仁烈。

第五篇

# 梦寻西湖
# 与闲情高致

# 壶中西湖

　　德寿宫附属园林后苑代表了南宋时期最高造园水平。它以人工湖为中心向东、南、西、北四面展开，仿飞来峰叠石，置楼台亭阁，有长桥卧波，且广植荷花，缩拟西湖胜景于一隅，故有"小西湖"之称。其总体面貌如《建炎以来朝野杂记》乙集卷三《南北内》所记："德寿宫乃秦丞相旧第也。在大内之北，气象华胜。宫内凿大池，引西湖水注之。其上叠石为山，象飞来峰，有楼曰聚远。凡禁御周回分四地。东则香远（梅堂）、清深（竹堂），月台、梅坡、松菊三径（菊、芙蓉、竹），清妍（荼䕷），清新（木樨），芙蓉冈。南则载忻（大堂乃御宴处）、忻欣（古柏、湖石）、射厅、临赋（荷花、山子）、灿锦（金林檎）、至乐（池上）、半丈红（郁李）、清旷（木樨）、泻碧（养金鱼处）。西则冷泉（古梅）、文杏馆、静药（牡丹）、浣溪（大楼子海棠）。北则绛华（椤木亭）、旱船、俯翠（茅亭）、春桃、盘松（松在西湖，上得之以归）。"孝宗《题冷泉堂飞来峰》诗赞云："圣心仁智情优闲，壶中天地非人间。"

　　以德寿宫为代表，南宋出现了写仿杭州西湖和灵隐山飞来峰叠山的造园风气，实际又成"壶中西湖"。西湖自唐代以来

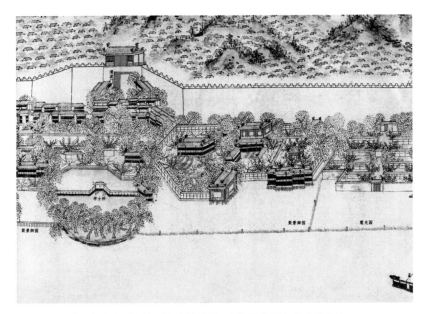

图5-1 传〔元〕佚名《西湖清趣图》局部（美国弗利尔美术馆藏）

逐渐园林化，而北宋后更是成为风景名胜。西湖边的灵隐山飞
来峰也是杭州名胜，被誉为东南第一山水。飞来峰因灵隐寺和
奇崛的风景闻名于世。飞来峰高50丈，峰石林立，洞壑万千。
南宋赵与篡修、陈仁玉等纂《淳祐临安志》卷八《山川一》引
晏殊《舆地志》云："晋咸和元年西天僧慧理登兹山，叹曰：'此
是中天竺国灵隐山之小岭，不知何年飞来？佛在世日，多为仙
灵所隐，今此亦复尔邪？'因挂锡造灵隐寺，号为飞来峰。"
唐白居易《冷泉亭记》云："东南山水，余杭郡为最。就郡言，
灵隐寺为尤。由寺观，冷泉亭为甲。"明袁宏道《解脱集》之
三《飞来峰》云："湖上诸峰，当以飞来为第一。高不余数十丈，

而苍翠玉立，渴虎奔猊，不足为其怒也；神呼鬼立，不足为其怪也；秋水暮烟，不足为其色也；颠书吴画，不足为其变幻诘曲也。石上多异木，不假土壤，根生石外，前后大小洞四五，窈窕通明，溜乳作花，若刻若镂。"飞来峰也是一种特殊的文学意象，以它为题名的诗文非常多。明张岱《西湖梦寻》卷二《飞来峰》诗云："石原无此理，变幻自成形。天巧疑经凿，神功不受型。搜空或浑水，开辟必雷霆。应悔轻飞至，无端遭巨灵。石意犹思动，躞蹀势若撑……飞来或飞去，防尔为身轻。"除西湖和飞来峰外，南宋临安园林其实也在仿北宋开封园林。《武林旧事》卷四《故都宫殿》云："禁中及德寿宫皆有大龙池、万岁山，拟西湖冷泉、飞来峰。若亭榭之盛，御舟之华，则非外间可拟。春时竞渡及买卖诸色小舟，并如西湖，驾幸宣唤，锡赉钜万。"万岁山为北宋徽宗所建艮岳。

南宋皇宫后苑即先建有人工湖，占地约 10 亩，时称"大龙池"或"小西湖"。湖侧叠石为山，高 10 余丈，洞室相连，曲折离奇，有"小飞来峰"之称，以"大龙池""小飞来峰"为中心形成景色丰富的宫内园林区。《建炎以来朝野杂记》甲集卷二《今大内（寿慈宫、太学、三省、临安府）》载："苑中有澄碧、观堂、凌虚阁等。而上又自作复古殿、损斋，实所常御也。孝宗乾道中作选德殿，淳熙中作寒翠堂。"明陶宗仪《南村辍耕录》卷一八《记宋宫殿》引元陈随应《南渡行宫记》云："梅花千树，曰梅岗亭、曰冰花亭。枕小西湖，曰水月境界、曰澄碧。牡丹曰伊洛传芳，芍药曰冠芳，山茶曰鹤，丹桂曰天阙清香，堂曰本支百世，佑圣祠曰庆和，泗洲曰慈济，钟吕曰得真，橘曰洞

图5-2　杭州灵隐山飞来峰

庭佳味，茅亭曰昭俭，木香曰架雪，竹曰赏静，松亭曰天陵偃盖。以日本国松木为翠寒堂，不施丹雘，白如象齿，环以古松。碧琳堂近之。一山崔嵬，作观堂，为上焚香祝天之所。吴知古掌焚修，每三茅观钟鸣，观堂之钟应之，则驾兴。山背芙蓉阁，风帆沙鸟履舄下。山下一溪萦带，通小西湖，亭曰清涟。怪石夹列，献瑰逞秀。三山五湖，洞穴深杳。豁然平朗，翬飞翼拱。"《武林旧事》卷三《禁中避暑》载："多御复古、选德等殿及翠寒堂纳凉。长松修竹，浓翠蔽日，层峦奇岫，静窈萦深，寒瀑飞空，下注大池可十亩。池中红白菡萏万柄，盖园丁以瓦盎别种，分列水底，时易新者，庶几美观。又置茉莉、素馨、建兰、麝香藤、

朱槿、玉桂、红蕉、阇婆、薝葡等南花数百盆于广庭，鼓以风轮，清芬满殿。"德寿宫后苑园林是对西湖和飞来峰园林的再次"效学"。《武林旧事》卷七《乾淳奉亲》载："自此官里知太上圣意不欲频出劳人，遂奏知太上，命修内司日下于北内后苑建造冷泉堂，叠巧石为飞来峰，开展大池，引注湖水，景物并如西湖。其西又建大楼，取苏轼诗句名之曰'聚远'，并是今上御名恭书。又御制堂记，太上赋诗，今上恭和，刻石堂上。是岁翰苑进《端午帖子》云：'聚远楼前面面风，冷泉堂下水溶溶。人间炎热何由到，真是瑶台第一重。'又曰：'飞来峰下水泉清，台沼经营不日成。境趣自超尘世外，何须方士觅蓬瀛。'"乾

图5-3　德寿宫与临安城水系关系(资料来源:四川川大智胜软件股份有限公司杭州分公司)

道三年（1167）三月初十，孝宗想请太上皇帝到西湖边聚景园游玩，太上皇帝以浪费财力为由推托，反而请孝宗到德寿宫后苑大池游玩。事后孝宗对其进行了较大规模改造。《武林旧事》卷四《故都宫殿》云："大意不欲数跸劳民，故以此为奉亲之娱耳。"改造后的德寿宫后苑与皇宫后苑如出一辙，其中的"小西湖"（大龙池）甚至大于皇宫后苑的湖。德寿宫对西湖和飞来峰园林的再次复制其实也是高宗禅位移出皇宫的一种心理安慰，是两宫政治权力平衡的一种表征。

太上皇帝对德寿宫后苑的改建颇为得意。《齐东野语》卷一○《吴郡王冷泉画赞》载："一日，王竹冠练衣、芒鞋筇杖，独携一童纵行三竺、灵隐山中，濯足冷泉磐石之上。游人望之，俨如神仙，遂为逻者闻奏。次日，德寿以小诗召之曰：'趁此一轩风月好，橘香酒熟待君来。'令小珰持赐，王遂亟往。光尧迎见，笑谓曰：'夜来冷泉之游，乐乎？'王恍然顿首谢。

光尧曰：'朕宫中亦有此景，卿欲见之否？'盖垒石疏泉，像飞来香林之胜。架堂其上曰冷泉。中揭一画，乃图庄简（按：吴益）野服濯足于石上，且御制一赞云：'富贵不骄，戚畹称贤。扫除膏粱，放旷林泉。沧浪濯足，风度萧然。国之元舅，人中神仙。'"说太上皇帝闻吴氏弟秦王吴益濯足冷泉，马上邀请他来看自家后苑，一比趣味。

德寿宫后苑分两个时期建设。一是绍兴三十二年（1162）太上皇帝赵构初入时改建秦桧旧府的初期建设。重点在构造整体，设置湖区及芙蓉冈等景点。是时已经有"大龙池"。《武林旧事》卷七《乾淳奉亲》载："回至清妍亭看荼蘼，就登御舟，绕堤闲游。亦有小舟数十只，供应杂艺、嘌唱、鼓板、蔬果，与湖中一般。"二是上述乾道三年（1167）后的拓建。拓展了湖区，构造仿飞来峰景观群。并将"大龙池"命名为"小西湖"，同时营建了冷泉堂，形成了以"小西湖"为核心的多变有趣的序列景观。

《武林旧事》卷七《乾淳奉亲》载："大池十余亩，皆是千叶白莲。"记德寿宫后苑的"小西湖"面积10余亩。宋代的1亩约合今0.974亩，10亩约6500平方米，约占德寿宫总面积17万平方米的1/26。要容纳数十条御舟，其体量略显紧张。《武林旧事》所载可能有误，实际当大许多。"小西湖"中有石桥、万岁桥二桥，可能仿照白堤、苏堤布置。石桥位于西部冷泉堂左近，上有亭可赏古梅。万岁桥在东部香远堂东，"长六丈余，并用吴璘进到玉石甃成，四畔雕镂阑槛，莹彻可爱。桥中心作四面亭，用新罗白椤木盖造，极为雅洁"。类于湖区的理水元

图5-4　德寿宫后苑"小西湖"遗迹（资料来源：杭州市文物考古研究所）

素在其他地方也有应用。据考古发掘，遗址内还有其他几处整齐的池岸遗存。如东北角发现的砖石混砌驳岸，东西向长近15米，两侧向北转折并继续延伸。最高的达60厘米。底部为双层条石砌筑，上为块石垒砌，东侧局部为长方形砖填充。驳岸以里置有矮松木桩。近中部有一石混砌建筑，外侧有木桩，东西向宽近5米，北侧向北延伸至北壁外。德寿宫水系以竹筒水渠引水。周必大《玉堂杂记》卷上载："又灵隐寺冷泉亭临安绝景，去城既远，难于频幸，乃即宫中凿大池，续竹筒数里，引西湖水注之。"元王祯《农书》卷一八《农器图谱十三·灌溉门》称其为"连筒"："凡所居相离水泉颇远，不便汲用，乃取大竹，内通其节，令本末相续，连延不断。"德寿宫内部则有以水渠、闸门、水井、沉淀池、水池等组成的给排水系统。水渠遗存自西宫墙便门以南5米处始，自西北向东南方向迂回分布，总长近 35 米，宽 2.5—3 米。底部以坚硬平整的灰红色夯土夯筑，两侧壁面由砖错缝平铺叠包边。还留有大量太湖石遗迹，可见与假山结合形成蜿蜒绵延的溪涧景观。水渠入口处有半弧形砖砌水闸遗迹，主体以宽 11 厘米、厚 4 厘米长短不一的砖错缝平砌包边。其北侧中间嵌有石质水闸柱。水渠南端与一沉淀池相连，两者高差 25 厘米。沉淀池南侧为大型水池遗迹，南北长 9 米，东西宽 8 米，与周围高差约 1 米。地面残存香糕砖拼砌遗迹。水渠引水规模应远超已发现水池的储水量，目前揭露的只是部分节点。

后苑西区以山水风景为主调，主要写仿飞来峰景观。宋孝宗《题冷泉堂飞来峰》诗云："规模绝似灵隐前，面势恍疑天竺后。"有些夸张地称其规模大。不过飞来峰确实是德寿宫后苑的主景之一，具有咫尺山林的意蕴。清朱彭《南宋古迹考·园囿考》引《宗阳宫志》云："叠石为山作飞来峰，峰高丈余。"当不可信。其旁冷泉堂模拟灵隐山飞来峰下冷泉亭，下有"小西湖"，上借山石遮阴，为避暑胜地。飞来峰高度应远高于冷泉堂，至少如皇宫后苑假山有 10 余丈高。飞来峰设有水帘瀑布。《武林旧事》卷七《乾淳奉亲》载，淳熙十一年（1184）六月初一太上皇帝与孝宗一起到飞来峰看水帘瀑布。是时池中荷花盛开，太上皇帝指着池心说："此种五花同干，近伯圭自湖州进来。前此未见也。"飞来峰西面有聚远楼，占据德寿宫制高点，登楼远眺可俯视德寿宫后苑胜景。其侧冷泉堂借假山之势，周围植茂林修竹。冷泉堂不仅是避暑胜地，也是赏梅佳处。其旁栽有一株苔梅，枝叶茂密，据说花开可荫蔽 3 亩地。《武林旧事》

图5-5　德寿宫后苑东区万岁桥、清妍亭拟想图（资料来源：浙江省古建筑设计研究院：《德寿宫复原研究（效果图册）》，2021年）

卷七《乾淳奉亲》载："淳熙五年二月初一日，上过德寿宫起居，太上留坐冷泉堂进泛索讫，至石桥亭子上看古梅。太上曰：'苔梅有二种。一种宜兴张公洞者，苔藓甚厚，花极香；一种出越上，苔如绿丝，长尺余。今岁二种同时着花，不可不少留一观。'"堂中有太湖石，名芙蓉石。《南宋古迹考·园囿考》引《宗阳宫志》云："以其玲珑苍润宛似芙蓉故名，与古梅同为德寿旧物。明时孙杕写梅、蓝瑛写石，好事者刻于碑，题曰'梅石双清'。"清乾隆十六年（1751），清高宗第一次南巡时游历至德寿宫旧址，见梅石残碑和芙蓉石，作《题德寿宫梅石碑》以抒怀古之幽情："临安半壁苟支撑，遗迹披寻感慨生。梅石尚能传德寿，苔华又见说蓝瑛。一拳雨后犹余润，老干春来不再荣。五国风沙埋二帝，议和嬉乐独何情。"次年将芙蓉石转运

图5-6　德寿宫后苑南区载忻堂拟想图（资料来源：浙江省古建筑设计研究院：《德寿宫复原研究（效果图册）》，2021年）

图5-7　德寿宫后苑南区灿锦亭、半丈红亭拟想图（资料来源：浙江省古建筑设计研究院：《德寿宫复原研究（效果图册）》，2021年）

图5-8　青莲朵（中国园林博物馆藏）

至北京长春园茜园，并赐名"青莲朵"。后茜园遭英法联军侵毁，
青莲朵辗转至社稷坛（今中山公园）、中国园林博物馆，得以
保存至今。《咸淳临安志》卷八〇《寺观六·寺院（城外四）》
云："大凡灵竺之胜，周回数十里而岩壑尤美，实聚于下天竺
灵山寺。自飞来峰转至寺后，诸岩洞皆嵌空玲珑，莹滑清润，
如虬龙瑞凤，如层华吐萼，如皱縠叠浪。穿幽透深，不可名貌。
林木皆自岩骨拔起，不土而生。传言兹岩产美玉，故腴润能育
焉。"飞来峰是否产美玉不得而知，但过去却是园林用石的重
要产地。其主体为石灰岩，出产石材称为天竺石，形似太湖石，
皱縠叠浪，嵌空玲珑。北宋时大兴花石纲，天竺石作为石中珍
品也曾被大量运往开封。德寿宫后苑园林不仅假山写仿飞来峰，

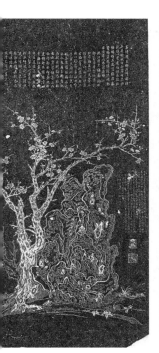

-9　〔明〕孙杕写梅、蓝瑛写石"梅石双清"刻石（北京大学藏）和清高宗碑后、碑侧题刻
杭州孔庙藏）

青莲朵本也是天竺石。乾隆三十年清高宗故地重游，命人照梅
石残碑重新摹刻了两块新碑。一块送至杭州（今存杭州孔庙），
另一块放在北京圆明园（今移北京大学未名湖畔）。后苑西区
还有文杏馆、静乐堂（牡丹馆），宜观赏牡丹。《武林旧事》
卷七《乾淳奉亲》载，乾道三年（1167）三月十一日，太上皇
帝至静乐堂看牡丹。浣溪亭（海棠大楼子），宜赏海棠。淳熙
四年十月二十二日会庆圣节，孝宗曾"从太上至后苑梅坡看早梅，
又至浣溪亭看小春海棠"。

图5-10　德寿宫后苑游赏关系拟想图（资料来源：浙江省古建筑设计研究院：《南宋德寿宫宫廷建筑及北苑推测复原研究》，2022年）

后苑南区主要是文娱活动场所。芙蓉冈以南的载忻堂为御宴厅，是德寿宫后苑规格最高的建筑。忻欣亭（一作欣欣亭）供欣赏古柏和太湖石假山。射厅是文化体育活动主要场所，可骑马、射箭等，也可演艺。《武林旧事》卷七《乾淳奉亲》载："索车儿同过射厅射弓，观御马院使臣打球，进市食，看水傀儡。""上侍太上同往射厅看百戏，依例宣赐。"临赋亭又称荷花亭，宜赏荷花。灿锦堂可观赏金林檎。至乐堂在湖上。夏日炎热，可于此小憩或用早膳。半丈红亭可赏郁李，清旷亭宜赏木樨（桂花）。泻碧为金鱼池。

后苑东区布置名花仙草。香远堂在西，依水而建，临水一侧可赏荷，另一侧可赏梅。清深堂赏竹，月台（月榭）赏月。梅坡、松菊三径为榭。梅坡为赏早梅处。松菊三径主要栽植菊、芙蓉和修竹等，以菊为主。清妍亭赏荼蘼，清新堂赏木樨，芙蓉冈也因栽种芙蓉花而得名。

后苑北区建有各式亭、榭、堂等。绛华堂用日本椤木建造。"旱船"与皇宫"兰桡""荃桡"齐名，为一御舟。另外还有茅草顶的俯翠亭，赏春桃的春桃亭，观蟠松的盘松亭。淳熙三年（1176）太上皇帝赵构七十大寿天申圣节（南宋以高宗寿诞为天申圣节），太上皇帝在宴会上多次移步盘松亭看蟠松。"又移宴清华看蟠松。宫嫔五十人皆仙妆，奏清乐，进酒，并衔前呈新艺。""同皇太子步至蟠松下，看御书诗。"

德寿宫园林与南宋其他园林一样，不像其他皇朝或北宋那样追求皇家气派，而更多地接近私家园林。更加注重人性化体验，重视内心感受和身体调摄，在从前求仙通神之上进一步发展了五行风水术，更多地将养生与审美和起居相联系，使"可观"（表观）更好地与"可游""可居"或实用相结合，富有人文情怀和理性色彩。临安（杭州）不像其他都城那样地域广袤，气候夏热冬冷，德寿宫园林不仅借景于四季花色，还基于特殊的地理条件，从以小见大（以小为大）和避暑防冷等方面进行了科学的功能设计。

# 诗心意造

宋代园林与诗的关系更加密切。随着造园的人文化、世俗化，园林呈现诗化写意的走向。宋代诗词充溢园林情调，而其实宋代造园也大量引入诗词意象，两种艺术交融互渗。明杨慎《词品》卷三云："天之风月，地之花柳，与人之歌舞，无此不成'三才'。虽戏语，亦有理也。"风月、花柳是园林的物质要素，而"歌舞"（人生"歌舞"如欢会、闲歌、赏游、情思等）更是园林盛景。楼、台、堂、阁、亭、轩、榭、廊间，有日升月落、昼夜晨昏、风云变幻、春秋代序，有山（石）水、建筑、花木（飞禽、昆虫），有文学、书法、绘画、音乐、戏曲、歌舞。王国维《人间词话》卷下云："昔人论诗词，有景语、情语之别。不知一切景语，皆情语也。""词家多以景寓情。"或也可反过来说，一切情语皆景语。以诗词造景就是写仿情语。德寿宫后苑即一诗心意造。它将人工美与自然美完美结合，各种造园要素有机组织，形成精练概括的自然、典型化的自然，充满诗情画意。可以"静观"，也可以"动游"。

德寿宫后苑以"小西湖"为主题，以聚合"天之风月，地之花柳，与人之歌舞"。建筑布置和点景题名注重以典造景、以诗化景、以景造诗。一是用典溯景。德兴县（今江西省德兴

图5-11　复建的聚远楼

市）聚远楼建于北宋熙宁二年（1069），与黄鹤楼、岳阳楼、
滕王阁并称"江南四大名楼"。苏轼《单同年求德兴俞氏聚远
楼诗》（三首）之一云："云山烟水苦难亲，野草幽花各自春。
赖有高楼能聚远，一时收拾与闲人。"德寿宫后苑也造聚远楼，
为后苑最高建筑。据《玉堂杂记》卷上所记，高宗御书"聚远楼"
匾，并书苏轼"赖有高楼能聚远，一时收拾与闲人"之句于屏。
"香远""泻碧"等为古诗常用意象，也曾为北宋皇家园林所用。
二是托物言景。以题名隐喻植物景观，如半丈红亭、春桃亭、
盘松亭等。这类题名也都是诗词题材。而以植物题名秦汉时已
非常普遍，如上林苑即有长杨宫、葡萄宫、棠梨宫、细柳观等。
三是直言叙景。如四面开敞的四面亭、日本椤木建造的椤木堂等。

图5-12　复建的德寿宫冷泉亭

为了能在有限天地构建幽深、富有层次的诗意景观，德寿宫后苑充分利用各种巧妙的造园表现手法，如用石土叠山，造雄、奇、险、秀、幽、野的山地景色，可领山居之美。又以石山围合空间，通过隔景增加层次，营造步移景异的变幻空间。也用精美的小品石点缀，使建筑与景观自然衔接、浑然一体。小品石置于河湖岸边，在加固堤岸的同时可增加奇特、参差之美；置于花前树下，可衬托花木的生机。像"飞来峰"等景观，达到"巧于因借，混假乱真""做假为真、以假乱真"的高超境界。其他假山则瘦、漏、透、皱、清、丑、顽、拙，具有含蓄美、深沉美、抽象美。南宋曾觌《海野词》之《醉蓬莱·侍宴德寿宫应制赋假山》云："向逍遥物外，造化工夫，做成幽致。杳霭壶天，映满空苍翠。耸秀峰峦，媚春花木，对玉阶金砌。方丈瀛洲，非烟非雾，恍移平地。　况值良辰，宴游时候，日永风和，暮春天气。金母龟台，傍碧桃荫里。地久天长，父尧子舜，灿绮罗佳会。一部仙韶，九重鸾仗，年年同醉。"

图5-13　德寿宫后苑方池场景拟想图（资料来源：四川川大智胜软件股份有限公司杭州分公司）

德寿宫后苑有许多湖、塘、池、溪、泉、瀑。水岸多港、湾、汊、矶、滩等，有"曲"之妙。溪掩映于建筑和花木之间，蜿蜒曲折，若隐若现，有"隐"之妙。堤、桥、石等分隔水面，增加了空间层次，有"隔"之妙。以乱石、菰蒲、绿藻等冲池、塘之方整，有"破"之妙。水还有高低、动静之异，既有立体的势能，也有灵动的鲜活。建筑则精巧多变，既有使用功能，也有构景作用。楼台亭阁空灵轻盈，略显光彩，又是人文符号，多成点睛之笔，富有生机。如香远堂依水而建，临水一侧赏荷，

图5-14　德寿宫后苑水渠、水池和水闸遗迹（资料来源：杭州市文物考古研究所）

另一侧赏梅，将山水勾连在一起。通过楼、阁、门窗等还可以欣赏广大空间，如在聚远楼可收览整个后苑。

在山石、池水、建筑和花木四大园林构造要素中，花木是最富变化也最具生命力的主体。清陈淏子《花镜》卷二《种植位置法》指出："使四时有不谢之花，方不愧为'名园'二字。"只有四季有花，长盛不衰，才称得上名园。花木不仅给人以嗅觉上的享受，还有许多文化象征寓意。如高宗所喜爱的梅花，在宋代特别具有象征意义。南朝"梅痴"何逊终日沉迷赏梅，北宋林逋人称"梅妻鹤子"，一生钟爱植梅，苏轼、秦观等也乐衷咏梅。南宋时梅花更是被推为群芳之首、花品至尊，梅诗、梅文、梅画等多有佳作。而宋代梅花栽培技术已趋于成熟，梅花被大量用于园林植物景观营造，南宋陈景沂《全芳备祖》将其列于首位。作者在序言中写道："洁白之可取，节操之可嘉，英华之复出，香色之俱全者，是皆禀天地

图5-15　德寿宫后苑水井和方池遗迹

之英，皭然殊异，尤不可不列之于先。"花木造景是最为自然的诗化剪裁。秦汉时期已重视花木造景，上林苑就辟有植物类专园，奇花异果多达3000余种。上林苑甚至还有温室栽培设施。隋唐时人工培育花卉成风，并形成特色品尝风气。牡丹本为药用植物，南北朝时期驯化为观赏植物，唐代更是培育出许多品种。白居易《买花》诗云："帝城春欲暮，喧喧车马度。共道牡丹时，相随买花去。"唐天宝年间（742—756），因杨贵妃偏爱牡丹，兴庆宫牡丹花圃盛极一时，名扬天下。北宋开封艮岳选用包括乔灌木、果树、藤本植物、水生植物在内的数十种植物，其中也有枇杷、橙、柚、橘、柑、荔枝等典型南方驯化品种，且孤植、丛植、混植等配置，将山冈、阶前、水面甚至石缝都遍植花草。园内许多景点也以植物题名，如梅岭、杏岫、椒崖等。南宋临安所处的江南气候温润潮湿，植物栽培条件更好。当时还出现了《全芳备祖》等一大批花谱类著作。"西湖十景"在南宋时逐渐形成，具有典型的季相景观特征，如"苏堤春晓""曲院风荷""平湖秋月""断桥残雪"等。南宋词人张镃以四时观景的造园手法建南湖园林（桂隐），可享四季繁花。其《赏心乐事》记录了月月赏花乐事。德寿宫后苑花木同样显示出丰富的季节性，文献记载有竹、松、柏、柳、梅花、荷花、桃花、梨花、菊花、芙蓉、荼蘼、木樨（桂花）、牡丹、郁李、海棠、金林檎等近20种。每类还有一些奇种，如蟠松、古梅、早梅、小春海棠、千叶白莲、大楼子海棠等。造景形式丰富，以丛植、片植为主，也有古树名木孤植。据《南宋古迹考·园囿考》所记，盘松亭中的蟠松为高宗手植，相传从吴中移植，明成化年间（1465—1487）尚在。

春季叶细花繁，是赏花观景的最佳季节。德寿宫后苑观赏牡丹的场所为位于西区的静乐堂和文杏馆（又名牡丹馆），那里有牡丹一簇。牡丹一般春季开花，《梦粱录》《咸淳临安志》则有秋、冬两季开花的记载，可见当时已培育出新品种。《武林旧事》卷七《乾淳奉亲》载，乾道三年（1167）三月初十德寿宫举行盛大的游春活动，效仿西湖市集，"铺放珠翠、花朵、玩具、匹帛及花篮、闹竿、市食等"。太上皇帝和孝宗登御舟，绕堤闲游。知阁曾觌、张抡分别奉旨赋词，描绘出一幅繁花似锦、柳絮翻飞、清风袅袅、碧波微漾的春日胜景。曾觌进《阮郎归》词云："柳阴庭院占风光，呢喃春昼长。碧波新涨小池塘，双双蹴水忙。　萍散漫，絮飞扬，轻盈体态狂。为怜流水落花香，衔将归画梁。"张抡进《柳梢青》词云："柳色初浓。余寒似水，纤雨如尘。一阵东风，縠纹微皱，碧沼鳞鳞。　仙娥花月精神，

图5-16　德寿宫后苑复原拟想图（资料来源：浙江省古建筑设计研究院：《德寿宫复原研究（效果图册）》，2021年）

奏凤管、鸾弦斗新。万岁声中，九霞杯内，长醉芳春。"曾觌和云："桃靥红匀。梨腮粉薄，鸳径无尘。凤阁凌虚，龙池澄碧，芳意鳞鳞。　　清时酒圣花神。看内苑、风光又新。一部仙韶，九重鸾仗，天上长春。"

夏季宜观荷花。《武林旧事》卷七《乾淳奉亲》载，淳熙十一年（1184）六月初一，飞来峰池中荷花盛开。"太上指池心云：'此种五花同干，近伯圭自湖州进来。前此未见也。'"南宋杜衍《荷花》诗云："芙蓉照水弄娇斜，白白红红各一家。近日新花出新巧，一枝能着两般花。"此诗描绘的是红白二色的嵌合体荷花。德寿宫后苑五花同干的珍品更为罕见。"小西湖"则有千叶白莲。这种重瓣白莲在唐代便已培育成功。五代王仁裕《开元天宝遗事·解语花》载："明皇秋八月，太液池有千

图5-17 德寿宫后苑西区浣溪亭拟想图（资料来源：浙江省古建筑设计研究院：《德寿宫复原研究（效果图册）》，2021年）

叶白莲数枝盛开，帝与贵戚宴赏焉。"

秋季可赏菊花和木樨。《武林旧事》卷七《乾淳奉亲》载，淳熙三年（1176）八月二十一日太皇太后生辰，婉容小刘娘子进《十色菊》《千秋岁》曲破应和秋景，后又移坐灵芝殿饮酒赏木樨。菊花和木樨为中国原生植物，栽培历史悠久。《咸淳临安志》卷五八《风土·物产》载，木樨"有黄、红、白三色。旧天竺山多有之"，对应金桂、丹桂、银桂。木樨为香花植物，雅淡高洁。苏轼《八月十七日天竺山送桂花分赠元素》以"月缺霜浓细蕊干，此花元属玉堂仙"盛赞其不比寻常。《梦粱录》卷五《九月（重九附）》记载南宋时期"菊有七八十种，且香而耐"。每逢重阳节，宫中及民间都会举行盛大的赏菊活动，如开菊会、点菊灯。南宋沈竞《菊谱》还记载临安西郊有重阳节斗菊习俗。菊花酒、菊花糕为风味吃食。

图5-18　德寿宫后苑东区梅坡拟想图（资料来源：浙江省古建筑设计研究院：《德寿宫复原研究（效果图册）》，2021年）

冬季最可看的当然是梅花。德寿宫后苑有香远堂、梅坡和冷泉堂3个赏梅处。《武林旧事》卷七《乾淳奉亲》载："十月二十二日，今上皇帝会庆圣节……从太上至后苑梅坡看早梅，又至浣溪亭看小春海棠。"梅坡丛植早梅。范成大《范村梅谱》云："早梅，花胜直脚梅。吴中春晚二月始烂漫，

图5-19　复建的德寿宫梅石景观

独此品于冬至前已开，故得'早'名。钱塘湖上亦有一种，尤开早。余尝重阳日亲折之，有'横枝对菊开'之句。"冷泉堂栽植古梅两株，其干虬曲如龙，极具观赏性。相传该古梅为苔梅，苔梅即枝干上着有苔藓的梅树。《武林旧事》卷七《乾淳奉亲》载，淳熙五年（1178）二月初一太上皇帝与孝宗一道于冷泉堂石桥亭子内观赏古梅。太上皇帝曰："苔梅有二种。一种宜兴张公洞者，苔藓甚厚，花极香；一种出越上，苔如绿丝，长尺余。今岁二种同时着花，不可不少留一观。"这两种苔梅主要以苔藓形态区分，一种苔藓附着较厚，另一种苔藓如绿丝般垂落。《范村梅谱》所载古梅也指苔梅："古梅，会稽最多，四明吴兴亦间有之。其枝樛曲万状，苍藓鳞皴，封满花身。又有苔须垂于枝间，或长数寸，风至绿丝飘飘可玩。初谓古木久历风日致然。"古梅枝干盘曲嶙峋，苔藓皴积斑驳，根老枝疏，花迟且稀，太上皇帝欣赏其神气。

# 人中神仙

就思想史而言，汉代至宋代相比于先秦时期最大的特色是儒、道、释思潮的相互作用和融合。北宋全真教南五祖之一张伯端《悟真篇》卷首序云："教虽三分，道乃归一。"高宗、孝宗也是主张这种思想融合的。他们认为儒、道、释三教各有宗旨，各具特色，也各有价值，但道理是相通的。《建炎以来朝野杂记》乙集卷三《原道辨易名三教论》载："淳熙中寿皇尝作《原道辨》，大略谓：三教本不相远，特所施不同，至其末流昧者执之而自为异耳。以佛修心、以道养生、以儒治世可也，又何憾焉？"高宗、孝宗在位和退位时都与佛教、道教人物有交往，他们不仅研究相关理论，也将三教作为日常生活中的精神内容。儒、道、释也是德寿宫重要的文化内涵。

宋朝建立后，太祖认为佛教"有裨政治"，故一反北周世宗灭佛做法，推行保佛护法政策，普度童行，复兴寺院，复铸佛像，并派人到印度求法，翻译刊印佛经。真宗时给各地名刹赐额，先后改杭州灵隐寺为灵隐山景德寺、景德灵隐寺。大规模修缮杭州宁寿禅院（净慈寺），并于天禧二年（1018）赐予铜迦毗卢佛像。仁宗时直接资助寺院修缮。庆历年间（1041—

1048）令传法院（原译经院）将灵隐寺住持释契嵩所著《禅宗定祖图》《传宗正法记》《传法正宗论》（合称《嘉祐集》和《辅教篇》）编入《藏经》，并赐释契嵩明教大师称号，使之名重一时。北宋守杭的名公重臣如王钦若、范仲淹、梅挚、蔡襄、苏轼等都有佛缘，纷纷从外地延请高僧前来住持名刹，且与他们结方外交。不过真宗以后，朝廷对佛教发展规模进行了一定控制，防止其过度膨胀而增加社会负担，乃至走向惑众邪途。徽宗尊崇道教，宣和元年（1119）下诏强制僧尼改称道教名号德士、玄德士，改佛寺为道观，改佛菩萨称谓为道教名号，佛教发展受阻。经历"靖康之变"以后，许多人有生死无常的感觉，崇信佛教者增多。他们或争相修建寺院，或奏请朝廷赐予度牒。据《咸淳临安志》卷七六《寺观二·寺院》至卷八一《寺观七·寺院》，从建炎初到"绍兴和议"签订前夕的 15 年间，仅临安府城内外就新建寺院 42 所。南宋初国用不足，高宗虽对佛教采取缓和政策，但总体上继承徽宗"崇道排佛"遗旨，对佛教严加管制。除限制出家人数外，还有意减少寺院。有的寺院改为校场、军器所，有的划为禁苑。如大昭庆寺用作策选锋军教场，祥符寺（龙庆寺）拆建为军器所，圣果寺、崇圣寺、梵天寺划为禁苑，南山昭庆寺、惠昭寺用于朝廷祠祭，下天竺寺一度用作御园和考场。孝宗拆 9 座寺院拓地造聚景园。高宗承认佛教"终不可废"，但也认为必须限制僧人的数量，限制鬻卖度牒。南宋佚名《宋史全文》卷二二下《宋高宗十七》载，绍兴二十七年（1157）八月，"诏诸路换给不尽僧道度牒并纳礼部，用三省请也。上曰：'昨权礼部侍郎贺允中上殿，朕问即今僧道之数。允中言：有僧二十万，道士才万人。朕见士大夫奉佛，其间议论多有及度牒者。朕谓目今田业多荒，不耕而食犹有二十万人，若更给度牒，是驱农为僧。且一夫受田百亩，一夫为僧，即百亩之田不耕矣。佛法自东汉明帝时流入中国，终不可废，朕亦非有意绝之，正恐僧徒多则不耕者众矣。'"《建炎以来系年要录》卷一八八载，绍兴三十一年二月，在停发近 20 年后才应中书奏请重新开始鬻卖度牒，并将每道价格升至"五百千"（500 缗，即 50 万铜钱）。南宋刘时举《续宋编年资治通鉴》卷六载，由于久不度僧，常有寺院因没有僧人而倒闭绝产。高宗下令户部"拨以赡学"。当然，高宗所采取的措施比较温和，不像"三武灭佛"（北魏太武帝灭佛、北周武帝灭佛、唐武宗灭佛）那样焚烧经书、捣毁佛像、强迫僧尼还俗。他自己也与僧人交往，并参与一些佛教活动。

相比于佛教，宋代统治者偏重提倡道教，多兴宫观外还更多赐号、赐田、赐额、减免赋税。北宋初太祖、太宗就扶持道教，召见道士，搜访道书，敕建宫观。太宗更是利用终南山道士张守真助力登基，主张以道教理念治世。真宗时掀起崇道高潮，加封老子为太上混元皇帝，四降"天书"，大行神道设教。徽宗继真宗后再次掀起崇道高潮，兴立"神霄大教"，自号"教主道君皇帝"，遍建宫观。还建立与行政官吏制度地位相当的道官制度。南宋高宗登位之初注意吸取北宋灭亡教训，控制道教发展，甚至籍没宫观财产以平民愤。高宗在宫内建有让自己安心读书的场所损斋和玩赏艺术的复古殿。《中兴小纪》卷三八载，绍兴二十八年（1158）十月他对近臣解释建损斋的原因：

"朕之好道,非世俗之所谓道也。世俗修身炼形以求飞升不死,若果能飞升,则秦始皇、汉武帝当得之矣。若果能长生,则始皇、武帝至今存可也。朕唯治道贵清净,苟侈心一生,虽欲自抑,有不能已者。故所好唯在恬淡,寡欲清心省事。所谓为道日损,损之又损,以至于无期。与一世之民同跻仁寿,如斯而已。"谓自己"好道",乃是一种自我修养,与世俗所追求的白日升天、长生不老完全是两回事。引《道德经》第四十八章"为学日益,为道日损,损之又损,以至于无为,无为而无不为",要求自己不断减少情欲文饰。但为了巩固政权,他也以崇道神化皇权,先后建有四圣延祥观、崔府君庙等。洞霄宫于北宋宣和二年(1120)为方腊起义军焚毁,绍兴二十五年高宗下旨重建了昊天殿、钟楼、经书阁、玉皇阁、演教堂、东西宫、逃生洞等,且规模宏大。除兴宫观外,他还礼遇道士。绍兴二十九年邀龙虎山正一派第三十二代天师张守真到临安斋醮。又命其长子张伯璟(后为第三十三代天师)住持龙翔宫,次子张可大领龙翔宫事。次年复召至四圣延祥观传法,演诵上清三洞诸品宝篆。又命道录院将诸品锓木成书在临安延祥观传度,并将版藏于龙虎山。孝宗也崇信道教。乾道六年(1170)钱塘江发生水患,孝宗再召张守真入皇宫斋醮,赐以象简、宝剑和《清静》《阴符》二经,赐号"正应先生"。

孝宗尊佛胜于尊道,与许多僧人有交往。位于今杭州市余杭区径山镇的径山寺始建于唐代,盛于宋代,时为全国佛教中心。鼎盛时有僧众3000余人。下院遍及杭州、嘉兴、苏州等地,有几十处。北宋徽宗曾为径山禅寺赐名"能仁禅寺"。孝宗结识最早的径山寺僧是释宗杲。《咸淳临安志》卷七〇《人物十一·方外（僧）》载："孝宗皇帝为吴安郡王时，遣内都监入山谒宗杲，述偈以献。及在建邸，复遣内知客供五百应真，请宗杲说法。亲书'妙喜庵'三字，并制赞以宠之。三十一年求解院事，得旨，退居明月堂。隆兴改元八月示寂。孝宗闻而叹息，诏以明月堂为妙喜庵，谥曰普觉，塔曰宝光。"孝宗为吴安郡王是在绍兴十二年至三十年（1142—1160），而释宗杲重返径山在绍兴二十六年之后。据南宋释志磐《佛祖统纪》卷四八引张浚《大慧普觉禅师塔铭》，当时遣内都监入山时释宗杲"述偈以献"的那个偈子是："大根大器大力量，荷担大事不寻常。一毛头上通消息，遍界明明不覆藏。""及在建邸，复遣内知客供五百应真，请宗杲说法"是在绍兴三十年孝宗被立储时。与释宗杲交往的同时孝宗正一步步走向皇位，孝宗遣内都监入山和释宗杲献偈可以理解为一个占卜政治前途的过程。南宋时径山寺成为皇家寺院。乾道二年（1166）孝宗偕太上皇帝、太皇太后上径山寺，并御书"径山兴盛万寿禅寺"。孝宗与上天竺观音院释若讷交情也颇深。他即位之初，派人到上天竺观音院祈雨。乾道元年以祈雨灵验破格提升释若讷为右街僧录。次年孝宗亲赴上天竺观音院，撰《观世音菩萨赞》，又将观音院升格为寺。不久又升释若讷为左街僧录，赐号慧光法师。乾道六年亲书"灵感观音之寺""灵感观音宝殿"。淳熙二年（1175）再次亲临观音寺，赐"白云堂"印一颗。淳熙十一年释若讷请求退居养老，孝宗又提升其为左右街都僧录，让他退居弥陀兴福院。《宋会要辑稿·崇儒六》载，淳熙十六年五月书"归隐"

二字赐弥陀兴福院。九月又书"弥陀兴福之院"赐释若讷，并撰《赐兴福慧光大师若讷顶相赞》。《佛祖统纪》卷四八载，内禅退位后，作为太上皇帝的赵昚特别许释若讷可"肩舆出入"重华宫，还"召慧光若讷法师入内殿注《金刚般若经》。书成，上积日披览，益有省发"。绍熙元年（1190）书赐偈颂一首，次年赐草书《胜常帖》。《咸淳临安志》卷八〇《寺观六·寺院（城外四）》载，绍熙二年（释若讷去世的次年），太上皇帝又"御书弥陀兴福教院为额"。元释觉岸《释氏稽古略》卷四引《纪胜碑刻》载，淳熙十四年太上皇帝于内观堂书《般若心经》，嘉定二年（1209）赐释若讷弟子妙珪，命观音寺收藏。孝宗与灵隐寺释慧远、德光也有交往。释慧远淳熙三年去世，接触时间较少。除在位时与继任释德光交往外，退位后又在重华宫两次召见他。

位于今杭州市余杭区中泰街道南峰村属九峰自然村和已并入杭州市临安区青山湖街道洞霄宫村的宫里自然村大涤山、天柱山、九锁山盆地间的洞霄宫是宋代最大的道教宫观之一。西汉元封三年（前108）武帝令人在大涤山大涤洞前建坛，为投龙简祈福之所。唐弘道元年（683）敕本山潘姓道士在山谷前建天柱观。乾宁二年（895）吴越王钱镠规划重建，北宋大中祥符五年（1012）改称洞霄宫。天圣四年（1026）诏定天下20处名山洞府，大涤洞名列第五。南宋洞霄宫以山水之丽、宫宇之宏、门地之盛、声望之隆名扬教内，是全国道教中心。洞霄宫也是宋代最大的祠禄宫观。王安石变法时扩大推广提举官制度（退居或闲居官的俸禄品级制度），增设京都外10座提举宫观，洞霄宫名列第一。至南宋初年，可以统计出的祠禄官有 1400 余名。因南宋定都临安，洞霄宫从外祠升为内祠。据《洞霄图志》所载，宋代提举洞霄宫的有 118 位，实际远超此数。北宋提举洞霄宫的有章惇、何执中、蔡肇、郑穆、张近、卢秉、吕惠卿、蔡京、林摅、杨畏、蔡薿、上官均、钱即、吴执中、蒋静、辛炳、曾开、陈与义等。南宋洞霄宫不仅是天下神仙府，而且成为"地上宰相家"。南宋共有宰相 80 位，其中 30 多位曾提举洞霄宫，如李纲、朱胜非、吕颐浩、范宗尹、赵鼎、张浚、沈该、史浩、洪适、叶颙、魏杞、蒋芾、陈俊卿、叶衡、王淮、留正、葛邲、赵汝愚、余端礼、钱象祖、谢方叔、吴潜、董槐、程元凤、钱端礼、郑清之、范钟、杜范、江万里、马廷鸾、游似等。另外还有杨时、洪遵、朱熹、范成大等名臣。陆游《洞霄宫碑》云："至我宋遂与嵩山崇福独为天下宫观之首。以宠辅相大臣之去位者，亦有以提举洞霄超拜左相者。则其地望之重，殆与昭应、景灵、醴泉、万寿、太一、神霄宝箓为比，他莫敢望。"将洞霄宫与河南嵩山崇福宫并称天下宫观之首。崇福宫是北宋最大的皇家道观，先后有范仲淹、司马光、范纯仁、程颢、程颐、曾布、汪伯彦、李纲、朱熹等 100 多位官员任提举崇福宫等职。宣和二年（1120）方腊起义军攻杭州时焚毁洞霄宫。

洞霄宫在南宋的恢复发展与高宗、孝宗是分不开的。随着宋金战事吃紧，高宗开始推崇道教，以保佑国祚绵长。绍兴元年（1131）高宗至大涤山祝祷，绍兴二十五年以皇太后名义发内帑金银重修洞霄宫。重修后的洞霄宫包括昊天殿、钟楼、经

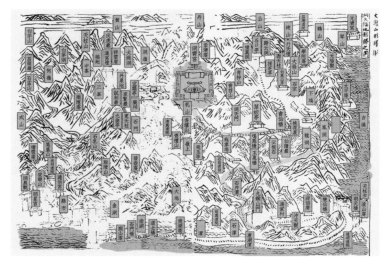

图5-20　《大涤山形胜图》（资源来源：〔元〕邓牧《洞霄图志》至大年间〔1308—1311〕抄本）

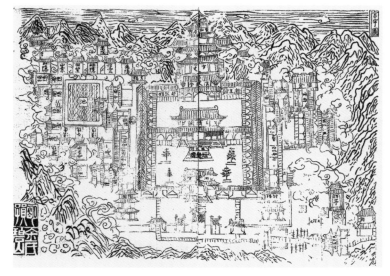

图5-21　《洞霄宫宇图》（资源来源：〔元〕邓牧《洞霄图志》至大年间〔1308—1311〕抄本）

书阁、玉皇阁、演教堂、东西宫、逃生洞等，规模宏大。宫内分 3 大殿 3 院 18 斋堂 55 楼观祠阁等，宫外 21 里处立通真门。至洞霄宫须经通真门、九锁山门、外门、双牌门和山门，出入森严。太上皇赵构及孝宗、光宗、宁宗、理宗等或临幸或御赐。乾道二年（1166）修成时，孝宗率后妃、朝廷大臣陪同太上皇帝和太上皇后前往祈祷，停留数日，并御书"自有天地"额。赵构后来还专程去过数次。为出行方便，又在城西通往洞霄宫的沿山河边修建了一条近 20 千米、可并行 5 马的辇道。后来的南宋帝王还往往将洞霄宫当成避暑行宫。

咸淳四年（1268）德寿宫后苑改建为宗阳宫。宗阳宫是重要的御前宫观。《西湖游览志》卷一七《南山分脉城内胜迹》云："祀感生帝。每遇孟享，车驾尝临幸焉。"《梦粱录》卷八《宗阳宫》详细记载其建筑格局："宗阳宫在三圣庙桥东，以德寿宫地一半建宫，赐名以奉感生帝。盖此地前后环建王邸，又建庙毓圣之所，天瑞地符，益大彰显，诏两司相度建宫，大门匾曰宗阳之宫，中门匾曰开明之门，正殿匾曰无极妙道之殿，以奉三清。顺福殿奉太皇元命。三清殿后为虚皇之殿，直北有门，匾曰真应之门。中建毓瑞之殿，以奉感生帝。后为申佑殿，奉元命。通真殿奉佑圣。自开明门内，左有玉籖之楼、景纬之殿、寿元之殿，右有栾简之楼、琼章宝书、北辰之殿，规制祀典，并视龙翔宫。行常以原貑回归，行款谒礼。有降辇殿，曰福临之殿，门曰福临殿门，进膳殿曰端拱。后有轩，匾曰颊霜；有圃，建堂二，曰志敬，曰清风。亭匾曰丹邱元圃。亭之北凿石池，堂匾曰垂福，后曰清境。圃内四时奇花异木，修竹松桧正盛。宫西有介真馆，堂曰大范、观复、观妙，斋曰会真、澄妙、常净，俱度庙奎藻。"
大范、观复、观妙诸堂，会真、澄妙、常净诸斋，为度宗题匾。
宗阳宫住持杜道坚天资聪颖，从小嗜老氏学，后成为茅山派嫡
传弟子。淳祐年间（1241—1252）为理宗的御前道士，度宗赐
号"辅教大师"。宋末元初宗阳宫因战事而毁坏。元至元十七
年（1280）杜道坚奉元世祖玺书提点杭州路道教，住持宗阳宫。
元任士林《松乡集》卷一《大护持杭州路宗阳宫碑》载，他"规
旧址，输心识，抢巨材，画堵制"，修缮了宫苑建筑，并在后
苑引水扩池，广植松竹柏，"轮奂极东南之美，经营来山岳之
奇"。大德七年（1303）元成宗复授其为杭州路道录、教门高士，
仍主宗阳宫，且领德清计筹山升玄报德观事。皇庆元年（1312）
元仁宗宣授隆道冲真崇正真人，住持杭州宗阳宫兼领德清升玄
报德观、白石通玄观事。延祐五年（1318）杜道坚于宗阳宫去
世。杜道坚钻研道义之外也喜好诗文书画，享有较高声望。他
主持宗阳宫期间邀集许多文人雅士吟咏。学界有"宗阳宫群体"
之说。"宗阳宫群体"以杜道坚、赵孟頫、任士林为核心，成
员可考者有 20 余人，如方回、戴表元、袁桷、杨载、仇远、薛
汉、赵孟吁、郑元祐、王理、柯谦、胡之纯、胡长孺、黄可玉、
邓文原、周驰、张君锡、吾衍、刘汶、杜本、叶亨宗、张德懋、
赵嗣祺。黄公望、周密、马臻等也参加过活动。杨载写有名篇《宗
阳宫望月》。杜道坚与时任江浙儒学提举的赵孟頫有师徒之谊，
赵孟頫有一件书作被称为《宗阳宫帖》。大德十一年杜道坚在
宗阳宫右侧新筑老子祠，赵孟頫为其绘制《玄元十子图》，并
作传记，杜道坚作序。

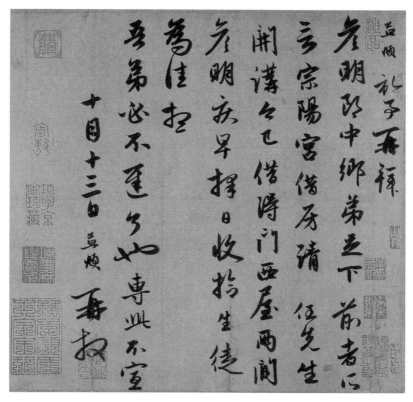

图5-22　〔元〕赵孟頫《宗阳宫帖》（故宫博物院藏）

与重道教相关，宋代也十分看重风水堪舆。中国传统的都城布局一般都遵循"择地而中"和"坐北朝南"的原则，如长安、洛阳都采用"前市后朝"的构成方式，即皇城坐北，东、西、南为坊市。南宋临安城的布局反其道而行之，因地制宜地采取了坐南朝北的特殊布局。这种特殊布局是由地理条件决定的。杭州城区地势南高北低，西为西湖，东南临近钱塘江，北为水网平原，所以吴越国和南宋都城皇宫均"居高临下"选址在南部的凤凰山麓。官府、街坊在北面，趋朝者须由后而入，杭州人称"倒骑龙"。但东南高、西南低也恰与唐宋时民间信奉的一种风水堪舆术"五音姓利法则"暗合。所谓"五音姓利"就是把姓氏分为宫、商、角、徵、羽五音，再对应阴阳五行中的土、金、木、火、水，这样即可在地理上找到与其姓氏对应的最佳方位与时日。宋代皇族的赵姓属于"角"（jué）音。南宋宗室赵彦卫《云麓漫钞》卷九说："东南地穹、西北地垂……角音所利如此。"北宋王洙等编纂《地理新书》卷一《五姓所属》云："东高西下谓之角地……南高北下谓之徵地，角姓亦可居之。"《云麓漫钞》卷三又云："政和五年命工部侍郎孟揆鸠工，内官梁师成董役，筑土山于景龙门之侧，以像余杭之凤凰山。最高一峰九十尺，山周十余里。分东西二岭，直接南山。石大者高四十尺，赐名'神运昭功'，封磐固侯，一名凤凰山。后神降，有'艮岳排空霄'之语。以在都城之艮方，故曰艮岳。南山成，易名曰寿岳，都人且曰万岁山。所谓余杭之凤凰山，即今临安府大内丽正门之正面。按：山上有天柱宫及钱王郊坛，尽处即嘉会门。山势自西北来，如龙翔凤舞，掀腾而下，至凤凰山止。山分左右翼，大内在山之左腋，后有山包之。第二包即相府，第三包即太庙，第四包即执政府，包尽处为朝天门。端诚殿在山之右腋，后有山包之。第二包即郊坛，第三包即易安斋，第四包即马院。东南皆大江，西为西湖，北临平湖，地险且壮，实为一都会。其兆先见于东都为山之时。"文中提到"东都为山"的传说，说徽宗在开封景龙门旁边筑园林，其中有模仿杭州凤凰山的土山。原来也命名为凤凰山，突然有神明从天而降说"艮岳排空霄"，此山恰好在开封艮方，所以就改名艮岳，都城百姓称万岁山。宋室南迁后南宋人都觉得这是天机先兆。赵彦卫又描述了临安皇城和整个临安城的布局。凤凰山是天目山余脉。山势自西北延伸而来，如龙翔凤舞，掀腾而下，至凤凰山而止。苏轼《表忠观碑》云："天目之山，苕水出焉，龙飞凤舞，萃于临安。"凤凰山上有天柱宫和五代吴越国郊坛（设在南郊的祭祀土坛），尽头是嘉会门。凤凰山分左右两翼，皇宫大内在山的左腋，后面有山包孕。第二包是相府，第三包是宗庙太庙，第四包是执政府，尽头是朝天门。郊坛祭祀礼制建筑端诚殿在山之右腋，后面也有山包围。第二包就是南宋郊坛，第三包即祭天配套建筑易安斋，第四包为御前养马机构马院。山和宫殿群的东南都是大江，西边是西湖，北面是临平湖，地势险要壮美，有大都会气象。当时的人都以为凤凰山山势象征"龙飞凤舞"。有人说龙首在西北，东太乙宫后小圃内的土丘就是一颗龙珠。德寿宫就像微型的临安城，则其构造与临安城如出一辙，也是坐南朝北。另外，与北宋徽宗在开封所建艮岳一样正好在皇宫东北隅，属八卦中的"艮"位。南宋张淏《艮岳记》载："徽宗登极之初，皇嗣未广，有方士言：'京城东北隅，地协堪舆，但形势稍下。傥少增高之，则皇嗣繁衍矣。'上遂命土培其冈阜，使稍加于旧矣，而果有多男之应。自后海内乂安，朝廷无事，上颇留意苑囿。政和间遂即其地大兴工役筑山，号寿山艮岳，命宦者梁师成专董其事。"《易经》以"艮"位与子孙宗族兴旺相关。徽宗于是在皇城东北向叠山筑石、引水入园，建造了山环水抱的山水园林艮岳。
高宗选以德寿宫内禅，可能也有护佑龙脉绵延的考虑。

第六篇

另一种
帝后生活

## 书画造妙

德寿宫人物高宗、高宗后吴氏、高宗贵妃刘希，孝宗、孝宗后谢氏及宁宗、宁宗后杨氏均有很高的书画造诣。其中高宗、高宗后吴氏的书法跻身南宋最高水平，高宗书法更超越有"南宋四家"之称的陆游、范成大、朱熹和张即之，为历代帝王中造诣最高者之一。

高宗当有乃父徽宗的遗传基因，自幼即对书法敏感。《建炎以来系年要录》卷一八三载，绍兴二十九年（1159）七月他对右丞相汤思退道："朕自少时留心翰墨，至今不倦，然迄不能臻妙。"又其《翰墨志》云："顷自束发即喜揽笔作字。虽屡易典刑，而心所嗜者固有在矣。凡五十年间，非大利害相妨，未始一日舍书法。"此处所说50年，指他登基至淳熙三年（1176）70岁时。说明他虽累于事务，也未懈怠。在很大意义上，他以书法表达自己的政治思想和人生追求。

高宗书风有数次嬗变。南宋杨万里《诚斋集》卷一一五《诗话》云："我高宗初作黄字，天下翕然学黄字；后作米字，天下翕然学米字；最后作孙过庭字，故我孝宗与今上皆作孙字。"楼钥《攻媿集》卷六九《题跋·御书中庸篇》云："高宗皇帝

图6-1　德寿宫场景复原

自履大位，时当艰难，无他嗜好，唯以翰墨自娱。始为黄庭坚书，改用米芾，动皆逼真。至绍兴初，专访二王。不待心慕手追之勤，而得其笔意，楷法益妙。"王应麟《玉海》卷三四《绍兴书大成殿榜》又云："高宗皇帝……自飞龙之初，颇喜黄庭坚体格，后又采米芾，已而皆置不用，颛意羲、献父子。手追心慕，曾不数年，直与之齐驱并辔。"大略谓高宗曾属意黄庭坚、米芾和孙过庭，最后导归"二王"（王羲之、王献之）。从其书风流变来看，他还学过五代杨凝式，唐之虞世南、褚遂良、张旭，隋之智永等。《宋史全文》卷二〇下《宋高宗十二》载，绍兴九年（1139）六月秦桧请求将"所赐御书真草《孝经》刻之金石，以传示后世"。高宗表示："朕宫中无事，因学草圣。遂以赐卿，岂足传后？"说明他也学过东汉张芝。其实这之前他还学了徽宗。元陆友仁《研北杂志》卷下引高宗语云："昔余学太上皇帝字，倏忽数岁。瞻望銮舆，尚留沙漠，泫然久之。"今收藏于台北故宫博物院的其登基之初所作《高宗手敕》即有徽宗瘦金体特征。高宗走的是一条颇为常规的路，所谓"屡易典刑"，即由时人而北宋、由北宋而隋唐、由隋唐而魏晋、由魏晋而东汉等等，但后来独得其法，有了极深的领悟和极高的立意。他在《翰墨志》中说："余自魏晋以来至六朝笔法，无不临摹。或萧散，或枯瘦，或遒劲而不回，或秀异而特立，众体备于笔下，意简犹存于取舍。至若《禊帖》，则测之益深，拟之益严。姿态横生，莫造其原。详观点画，以至成诵。不少去怀也。""余每得右军或数行或数字，手之不置。初若食蜜，喉间少甘则已；末则如食橄榄，真味久愈在也。故尤不忘于心手。"他不仅颇得汉晋神韵，而且如明陶宗仪《书史会要》卷六《宋·都钱塘》所说："善真、行、草书，天纵其能，无不造妙。"最可贵的是能以书写事和写心，对南宋书坛影响很大。

　　高宗在位 36 年以学习临摹前人法书和书写经、传、史、诗著作及政令为多，也以皇帝身份题榜、颁诏和宣示等，多"表旌"和"教化"方面的内容。无论是赐韩世忠、岳飞、吴玠、张浚等武将，秦桧、吕颐浩、汤思退、陈康伯等宰执，还是赐新进进士、太学诸生，或是后妃近侍，大凡如此。其中较多书写的是杜诗，借杜甫写"安史之乱"的诗表现忧患意识。自绍兴五年（1135）汪应辰榜开始，每次廷试后高宗总是以御书石刻拓本或亲书翰墨赐新第进士。虽是依北宋太宗雍熙朝故事，却将这种"以励士检"的行为与书法联系起来，成为当政惯例。孝宗朝以后沿用。高宗还乐于题画。绍兴四年前后，节录《左传》题李唐画《晋文公复国图卷》、题传为李唐画《〈胡笳十八拍〉

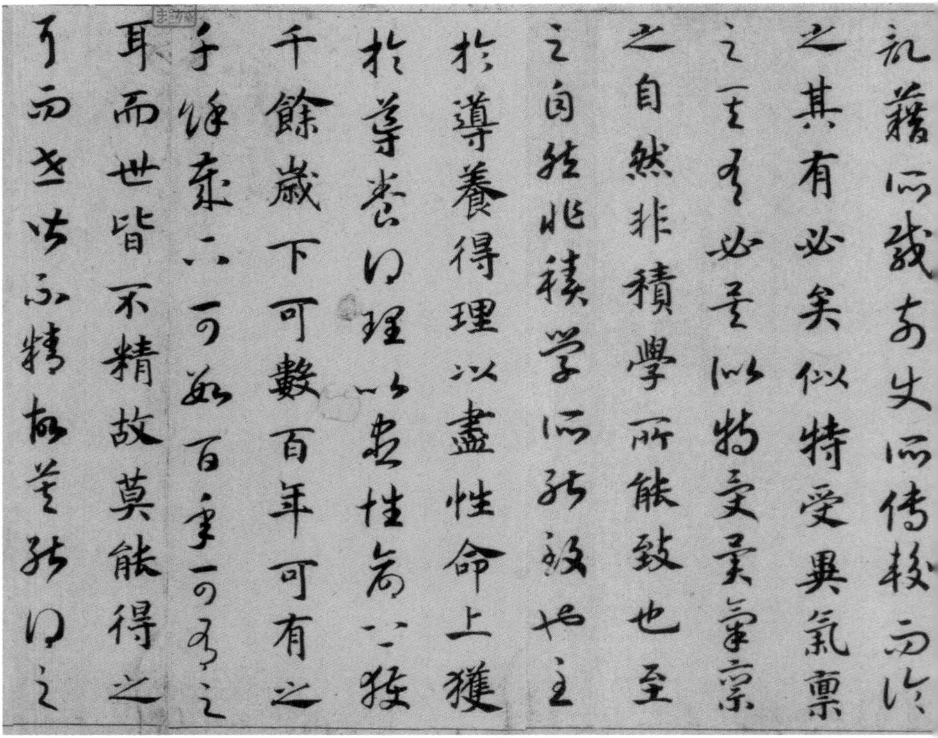

图6-2　宋高宗《真草嵇康〈养生论〉卷》局部（上海博物馆藏）

册》等历史题材绘画。活跃于高宗、孝宗两朝的画院画家马和
之取材《诗经》《孝经》的画作多与高宗或皇后吴氏书法连属。
陶宗仪《画史会要》卷三《南宋》等载，高宗、孝宗两朝尝御
书（或由后妃代笔）《诗经》300篇，命马和之配图。散落传世
者尚有《鹿鸣之什图》《节南山之什图》《豳风图》《唐风图》《鲁
颂三篇图》《周颂清庙之什图》等。而退居德寿宫以后，高宗
更多写赋文、歌行、宋词等词意铺张、文采华丽、音节骈散的
辞章，如《养生论》《洛神赋》《长笛赋》《雪赋》《骢马行》

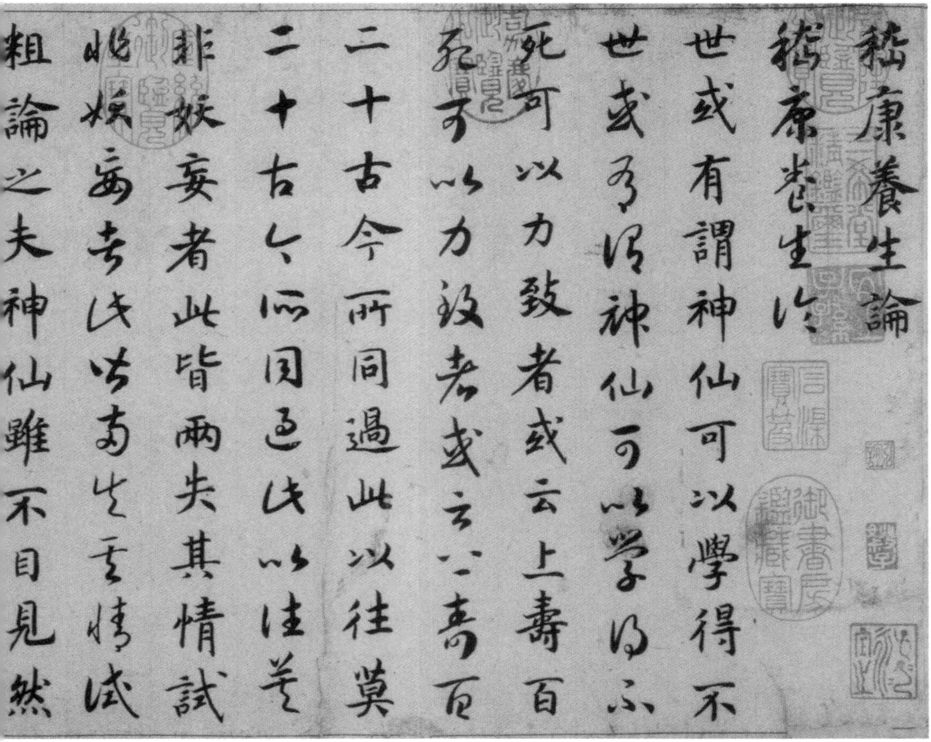

嵇康養生論

世或有謂神仙可以學得不
死可以力致者或云上壽百
二十古今所同過此以往莫
非妖妄者此皆兩失其情試
粗論之夫神仙雖不目見然

等，以表达悠然、颐养的趣味，由"志于道"达到"游于艺"。少写杜诗，而多采苏轼《阮郎归》"绿槐高柳咽新蝉"之类。甚至用以赐虞允文、梁克家、周必大、史浩等宰执大臣的也如此。如岳珂《宝真斋法书赞》卷三《历代帝王帖·高宗皇帝御书》所说"北宫燕闲，以书法为事"，其临习范本、书写内容、创作心境、表现风格等都发生较大变化，而对书法艺术也有了更为精细的把玩和研究。他于"二王"之外对魏晋及之前的各家进行了系统钻研。从岳珂《宝真斋书法赞》卷二、卷三《历代帝王帖·高宗皇帝御书》著录的 24 件书作来看，有 11 件临习三国东吴皇象、西晋卫恒、东晋王羲之及其他魏晋南北朝法帖。他也再一次或者说从真正意义上开始对"二王"潜心追摹。或谓高宗笔法得自王羲之《玉润帖》，不无道理。德寿宫时期的行草书，表现为出入"二王"、所得颇深的个人面目，有他在《翰墨志》中所说"晚年得趣，横斜平直，随意所适"的感觉。传世书迹《〈洛神赋〉草书卷》《真草嵇康〈养生论〉卷》《临虞世南真草〈千字文〉卷》《草书〈后赤壁赋〉卷》《杜甫〈即事〉诗行楷页》《七绝〈天山〉诗草书纨扇》《草书〈长笛赋〉》《草书〈雪赋〉》《草书〈骢马行〉》等，以及文献记载的《草书〈高唐赋〉》《草书〈舞赋〉》《草书〈文赋〉》《草书〈琴赋〉》《草书〈登楼赋〉》《草书〈大巧若拙赋〉》等为退位后所作。

虽然书写趣味有所改变，但高宗总的书学思想还是具有相对一致性的。在位时期的书论散见于宋人史书、类书、文集、笔记等，以熊克《中兴小纪》、桑世昌《兰亭考》、王应麟《玉海》等书所记最为丰富。未见传本的《翰墨志》著录的高宗早期论书语录 30 余条，总字数与传本《翰墨志》相近。传本《翰墨志》1 卷 24 则，当为高宗退位后书论的辑录，是南宋前期书法理论的代表著作。除少数谈学书心得外，主要表达了高宗晚年的书学观。它所强调的精研精审、上追魏晋的"复古"思想，所追求的"绝伦绝世，宜合天矩，触涂造极"目标，与北宋中后期"尚意"主流有很大不同，有力提振了南宋一代书法风气，并影响了元初赵孟頫等人。

南宋诸帝均善书法，一些后妃也如此。他们大多受高宗书

图6-3 宋高宗题李唐《晋文公复国图卷》局部（美国大都会艺术博物馆藏）

风影响。《书史会要》卷六《宋·都钱塘》载："孝宗，讳昚，太祖宗派秀王之子……书有家庭法度。""光宗，讳惇，孝宗第五子。亦能书。""宁宗，讳扩，光宗长子……书学高宗。""理宗，讳昀，宁宗侄……其书亦从高宗家法中来。""度宗，讳禥，理宗侄……书法体制，不失家教。"孝宗5岁时就养于宫中，受高宗直接训导。南宋俞松《兰亭续考》卷二录李心传《跋高皇御书临写本》云："尝闻普安、恩平宗藩并立之时，上各赐以所临《兰亭》而批其后云：'依此进五百本！'其后，重华（按：赵瑗）书七百本上之，而恩平（按：赵璩）迄无所进。盖勤怠之分，天命之所以去留也。"赵瑗（赵昚）也因勤奋而得高宗垂爱。孝宗书法与高宗肖似，其艺术观念也与高宗一脉相承。他在当政时也像高宗一样以宸翰赐宰执大臣和新第进士。先是以太上皇宸翰相赐，如《法书赞》，后来多了其他内容。南宋周应合修纂《景定建康志》卷四《留都四》载，隆兴二年（1164）孝宗于选德殿御制《武经龟鉴序》赐建康都统制王彦，王彦刊石立于本司。乾道八年（1172）二月二十六日和二十七日手敕两道赐虞允文，即《乾道御札二通》。孝宗其他传世作品还有《草书〈后赤壁赋〉卷》、《行书七言绝句团页》、乾道二年真书题"径山兴圣万寿禅寺"、淳熙五年（1178）真书题明州天童寺"太白名山"等。清代刊印的《三希堂法帖》第八册收有隆兴二年中秋孝宗赐曾觌行书《政道帖》。南宋其他皇帝书法稍逊于孝宗，理宗相对较好。理宗还受了张即之影响。

南宋后妃书法也多宗高宗。她们往往受命代笔，帮助皇帝或太上皇帝处理事务。《建炎以来朝野杂记》乙集卷十一《故事》载："本朝御笔、御制皆非必人主亲御翰墨也。祖宗时，禁中处分事付外者谓之'内批'。崇、观后谓之'御笔'。其后或以内夫人代之。近世所谓'御宝批'者，或上批，或内省夫人代批，皆用御宝。又有所谓'亲笔'者，则上亲书押字，不必用宝。"《书史会要》卷六《宋·都钱塘》记载南宋后妃善书者有4位："宪圣慈烈皇后吴氏，开封人。吴宣靖王近之女，高宗后。博习书史，妙于翰墨。帝尝书《六经》赐国子监刊石，稍倦，即命后续书，人莫能辨。""刘夫人希，字□□，号□□。夫人建炎间掌内翰文字及写宸翰字，高宗甚眷之。亦善画。上用'奉华堂'印记。""恭圣仁烈皇后杨氏，宁宗后。忘其里氏，或云会稽人。杨次山者，亦会稽人，后自谓其兄也。少以姿容选入宫。颇涉书史，知古今，书法类宁宗。""杨氏，宁宗皇后妹，时称'杨妹子'。书法类宁宗。马远画多其所题，

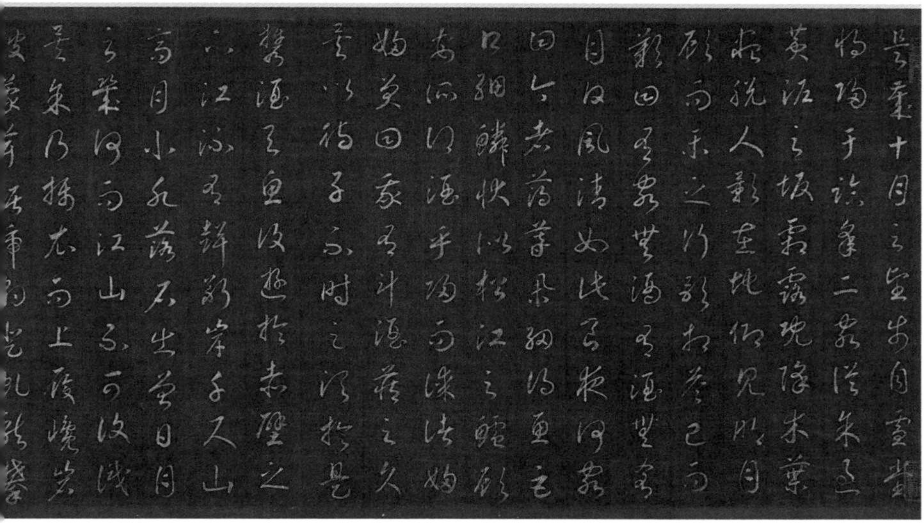

图6-4　宋孝宗《草书〈后赤壁赋〉卷》局部（辽宁省博物馆藏）

图6-5　《四朝宸翰：南宋皇帝御笔》之《宋光宗御笔行楷书联句》（日本藤井有邻馆藏）

图6-6　宋宁宗题马远《宋帝命题册》局部（私人藏）

往往诗意关涉情思，人或讥之。""杨妹子"实即"恭圣仁烈
皇后杨氏"。高宗有刘姓二妃，又称大、小刘娘子。刘希为大
刘娘子，也善书画，居奉华堂。

　　吴氏字绝似高宗。南宋熊克《皇朝中兴纪事本末》卷六六载：
"初，皇后尝临《兰亭帖》，逸在人间，太傅、醴泉观使、咸
宁郡王韩世忠以钱百万得之，识者以为真修禊所书。世忠表而
献之，上徐验玺文，乃知为中宫异时临本。是月，以赐保康军
节度使吴益。益刊之于石。"说吴氏临本《兰亭序》几于乱真。
《四朝闻见录》乙集《高宗御书石经》又云："高宗御书《六
经》，尝以赐国子监及石本于诸州庠。上亲御翰墨，稍倦，即
命宪圣续书，至今皆莫能辨。"吴氏传世书迹另尚见《七绝纨扇》
等题画纨扇书页两种，明陈继儒《太平清话》卷三、清顾复《平
生壮观》卷七等著录者若干。

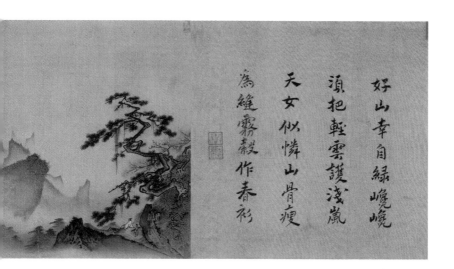

　　《玉海》卷四三《绍兴御书石经》载，自绍兴以来，高宗本着"学写字不如便写经书，不唯可以学字，又得经书不忘"之想，以楷书和行书抄写了多种儒家经典。绍兴十三年（1143）二月将御书《左氏春秋》《史记列传》宣示群臣，秘书少监秦熺等作诗称颂。《建炎以来系年要录》卷一五〇载，秦桧提议："请刊石于国子监，仍颁墨本赐诸路州学。"高宗又做了续写。全部计有楷书《尚书》《周易》《诗经》《春秋左传》全帙，《礼记》之《中庸》《儒行》《大学》《经解》《学记》5篇，行书《论语》《孟子》。绍兴十四年，李公麟作《孔子及七十二弟子图》，高宗又御制《文宣王及其弟子赞》。绍兴二十五年秦桧为每篇写了跋语，又为《文宣王及其弟子赞》作赞语。次年太学石经和《孔子及七十二弟子图》《文宣王及其弟子赞》（包括秦桧跋语、赞语）并刻立于太学。石经成为南宋各类学校的标准经文。

图6-7　宋高宗御书石经《孟子》第四石局部（杭州孔庙藏）

淳熙四年（1177）孝宗命临安知府赵磻老建阁于太学，题曰"光尧石经之阁"。宋亡后南宋太学成为元杭州路肃政廉访司治所。清杭世骏《石经考异》卷下云，江南释教都总统杨琏真加取碑石在凤凰山皇宫故址垒塔，廉访经历申屠致远加以劝阻，然已"仅存其半矣"。明代残存石经先后移至仁和县学、杭州府学。宣德元年（1426）巡按御史吴讷重修仁和县学，并收集残存石经，磨去秦桧《文宣王及其弟子赞》赞语，代之以自己所作题记。清初朱彝尊《经义考》卷二九〇《宋太学御书石经》曾对嵌入杭州府学壁中的石经进行统计："左壁，《易》二碑，《书》六碑，《诗》十二碑，《礼记》唯《中庸》一碑，《论语》七碑，《孟子》十一碑；右壁，《春秋左传》四十八碑。共八十七碑。东壁南，有理宗御制序四碑，当时臣僚如洪迈等记跋皆遗失，不可复问

图6-8　〔宋〕李公麟《孔子及七十二弟子图》和宋高宗《文宣王及其弟子赞》刻石（杭州孔庙藏）

矣。"估计《高宗御书石经》原有 130 多方，今存 85 方藏于杭州孔庙。《高宗御书石经》是中国南方唯一留存的皇帝（皇后）御书石经，可与唐开成石经和清石经媲美。

　　杨氏在吴氏教导培育下，不仅能表演，还通文史、工诗词、擅书画，成为中国绘画史、鉴藏史和文学史上的重要人物。由于受吴氏喜爱，得以长留宫中。而吴氏对书画、戏剧等艺术的热爱和杨氏的艺术才能，是改变杨氏命运的重要伏笔。元吴师道《礼部集》卷五《仙坛秋月图》诗题注云："宫扇，马远画，宋宁宗后杨氏题诗，自称杨妹子。"清倪涛《六艺之一录续编》卷一二《宋》引明张翼、包衡《清赏录》云："马河中远进御及赐贵戚画，宁宗每命杨妹子题署，有杨娃印章。杨娃者，宁宗恭圣皇后妹也，书法类宁宗，以艺文供奉内庭，其迹唯远画见之。"杨氏曾受宁宗委托做书画鉴定和整理工作，不少宫廷画家的画有其题诗，且不局限于马远，还有朱锐、刘松年、李嵩、马麟等。著名者像《题〈王宏送酒图〉》、《题马远画梅》（四

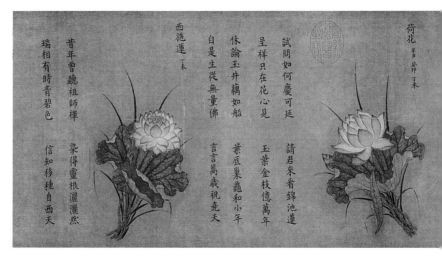

图6-9　杨氏《百花图卷》局部（吉林省博物院藏）

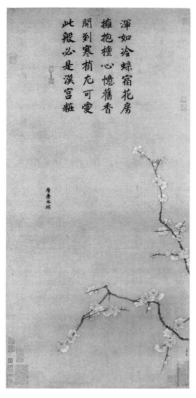

图6-10　杨氏题马麟《层叠冰绡图》
（故宫博物院藏）

首）、《诉衷情·题马远松院鸣琴》，以及《题〈层叠冰绡图〉》等。据徐邦达《南宋帝后题画书考辨》一文，杨氏传世书迹可能多达20种，见诸著录者还有10余种。有些画作似乎也是她的命意。这种方式推动了绘画与题词的融合创作。为《层叠冰绡图》所题"浑如冷蝶宿花房，拥抱檀心忆旧香。开到寒梢尤可爱，此般必是汉宫妆"，当是其心灵写照。《武林旧事》卷五《湖山胜概》又载："太清宫，宁宗时朱灵宝守固建。杨太后书《道德经》石幢。"宁宗的许多御题为其代笔。

南宋帝后善画者也较多。

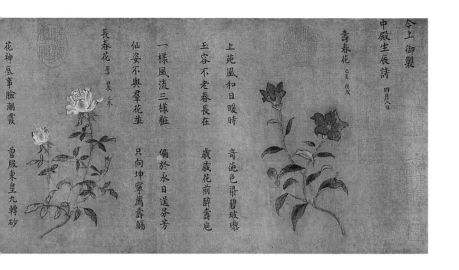

南宋庄肃《画继补遗》卷上云，高宗"于万机之暇，时作小笔山水，专写烟岚昏雨难状之景，非群庶所可企及也"。元夏文彦《图绘宝鉴》卷四《宋（南渡后）》又云："高宗书画皆妙，作人物、山水、竹石自有天成之趣。上用乾卦印。晚居北内，多用'太上皇帝之宝''德寿殿宝''御府图书'。"又杨氏善画，传世作品有《百花图卷》《樱花黄鹂图》《月下把杯图》等。

北宋初期承袭五代旧制创设翰林图画院，与天文、书艺、医官三局并立，隶属于翰林院。至徽宗宣和年间（1119—1125）达于鼎盛，历史上又有"宣和画院"之称。而由于创办时间和院址无文献记载，南宋是否延续北宋制度设画院存疑。不过大量画家见载于宫廷活动却是事实。《图绘宝鉴》卷四《宋（南渡后）》也称许多画家供职于画院。如：李唐，授成忠郎、画院待诏，赐金带。马公显、马世荣，绍兴间授承务郎、画院待诏，赐金带。李安忠，居宣和画院，历官成忠郎。绍兴间复职画院，赐金带。李从训，宣和画院待诏，绍兴间复官，补承直郎，赐金带。萧照，绍兴中补迪功郎、画院待诏，赐金带。马兴祖，绍兴间待诏。据此推测，南宋画院可能绍兴初期已设。《图绘宝鉴》等书记载的画家中，李唐、刘宗古、马公显、马世荣、杨士贤、李迪、李安忠、苏汉臣、朱锐、李端、张浃、顾亮、李从训、周仪宣、王训成、焦锡、马兴祖等来自原宣和画院。后来又增加了许多。主要活动于高宗朝的有李唐、马和之、马公显、马世荣、杨士贤、李安忠、朱锐、李端、张浃、顾亮、李从训、阎仲、吴炳、萧照、周仪、贾师古、王训成、焦锡、马兴祖、李瑛、韩祐、刘思义、朱光普、尹大夫、林俊民等，主要活动于孝宗朝的有苏焯、阎次平、阎次于、梁楷、夏珪、朱怀瑾等，主要活动于光宗朝的有毛益、陆青、张茂等，主要活动于宁宗朝的有梁楷、陈居中、高嗣昌、苏显祖、夏珪、苏坚等，历经数朝的有李迪、苏汉臣、刘松年、林椿、李珏、李嵩、马远、白良玉等。他们或也可以称为南宋宫廷画师。此外还有许多技艺高超的宗室画家，如赵伯驹、赵伯骕、赵士遵、吴琚等。在很大意义上是高宗、孝宗、宁宗、吴氏、杨氏等创建了这一庞大的画家群体，他们构成北宋以后中国绘画史的新高峰。这一新高峰的形成，与南宋前期的文化制度直接相关，与内禅圣政也有莫大关系。

高宗和孝宗与宫廷画师交往密切。《画继补遗》卷下载："予家旧有唐画《胡笳十八拍》，高宗亲书刘商辞，每拍留空绢，俾唐图画。亦尝见高宗称题唐画《晋文公复国图》横卷，有以见高宗雅爱唐画也。"另据清厉鹗《南宋院画录》卷二《李唐》辑录南宋文献，高宗在李唐的《山阴图》《王子猷雪夜访戴图》《寒江渔舫图》《雪坞幽居图》《袁安卧雪图》等多幅画作上都有御题。有的还题了诗。"张昱《题李唐〈香山九老图〉》，有宋高宗御题二律诗：'两疏谁是见机还，终始君臣

图6-11 传宋高宗《秋江暝泊图》（故宫博物院藏）

似此难。宸翰昭回云汉上，衣冠仿佛画图间。常时诸老琴尊会，尽是同朝鸳鹭班。风采拜辞云陛下，白云千载在香山。'（《张光弼诗集》）""刘因《题宋高宗题李唐〈秋江图〉诗》：'秋江吞天云拍水，涛借西风扶不起。断云分雨入江村，回首龙沙几千里。澹庵老笔摇江声，仿佛阿唐惨淡情。千秋万古青山恨，不见归舟一叶横。'（《静修集》）""李唐画、宋高宗题：'恩沾长寿酒，归遗同心人。满酌共君醉，一杯千万春。'赐王提举，并赐长寿酒。（《珊瑚网》）"《图绘宝鉴》《妮古录》《清河书画舫》等书也多此类记载。《图绘宝鉴》卷四《宋（南渡后）》载："李唐……善画山水人物，笔意不凡，尤工画牛。高宗雅爱之，尝题《长夏江寺卷》上云'李唐可比唐李思训'。"明陈继儒《妮古录》卷三载："宋高宗题李唐画：'月团初碾沧花瓷，啜罢呼儿课楚词。风定小轩无落叶，春蚕相对吐秋丝。'"孝宗也有题识。《南宋院画录》卷二《李唐》载："李唐《风帆图》，团扇，绢本，淡色。江山松石，三舟挂帆，中流乘风。'潮平两岸阔，风正一帆悬。'宋孝宗对题。描金云龙圆笺，朱文'御书之宝'。'竹居''侠如''士介'三印。（《珊瑚网》）"高宗和孝宗对其他画家的作品也多有题识。

高宗和孝宗之所以重视院画，除艺术修养外，与政治教化也有关。当时出现了中国历史上少见的历史画纷呈的局面。如马和之《小雅鹿鸣之什图卷》、李唐《晋文公复国图卷》《采薇图卷》《雪天运粮图》、佚名《泥马渡康王图卷》《望贤迎驾图》《迎銮图卷》、传萧照《中兴瑞应图卷》《中兴祯应图卷》等。楼璹于绍兴二年至四年（1132—1134）任於潜县令时绘制《耕织图》。这部连环画式的图册绘有耕图 21 幅、织图 24 幅，每图配五言诗 1 首，对耕、织生产的各个环节进行科学普及。《攻媿集》卷七六《跋扬州伯父耕织图》载，高宗"宣示后宫，书姓名屏"。《耕织图》风行一时。后来刘松年也因画《耕织图》称旨，被赐予金带。《耕织图》在元、明、清几代广为流行。清圣祖、清高宗曾多次请当时的画家重绘颁行天下。德寿宫人物退闲之余也与画家互动交流，在艺术层面的切磋和激励更多。

高宗、孝宗还访求了大量书画名作。南宋内府收藏在高宗

图6-12 〔明〕天顺六年（1462）摹刊南宋版楼璹《耕织图》（日本国立公文书馆藏）

束综提花机　　　　　　　　　　　　　轴架式整经机

图6-13　〔清〕焦秉贞摹绘楼璹《耕织图》中束综提花机和轴架式整经机（资料来源：焦秉贞摹绘、弘历诗：《耕织图诗》，东京东阳堂明治二十五年〔1892〕刊本）

朝奠定基础，至孝宗和宁宗朝达到高峰。《画继补遗》卷下载，高宗"驻跸钱塘，每获名踪卷轴，多令辨验"。《皇朝中兴纪事本末》卷六二载，高宗谓宰执云："昨访遗书，今犹未有至者。朕观本朝承五代之后文籍散逸，太宗留意于此，又得孟昶、李煜两处所储益之，一时始备。及访先贤墨迹，诸处以羲、献而下十八人真迹及钟繇《急就章》来献。南渡以来，御府旧藏皆失，宜下诸路搜访其献书者，或宠以官，或酬以帛，盖教化之本，莫先于此也。"《齐东野语》卷六《绍兴御府书画式》又云：
"思陵妙悟八法，留神古雅。当干戈俶扰之际，访求法书名画
不遗余力。清闲之燕，展玩摹拓不少怠。盖睿好之笃，不惮劳
费，故四方争以奉上无虚日。后又于榷场购北方遗失之物，故
绍兴内府所藏不减宣政。"据南宋佚名《南宋馆阁录续录》卷
三《储藏》著录，至淳熙五年（1178），已收藏名贤墨迹 89 轴、
图画 187 轴、道佛像 173 轴、人物 139 轴、杂画 11 轴、山水窠
石 181 轴、花竹翎毛 310 轴、畜兽 117 轴、虫鱼 19 轴，计 1226
轴。高宗、吴氏退居德寿宫后常会借阅这些藏品，孝宗、光宗、
宁宗、谢氏、杨氏等自幼起就以它们为学习范本。

# 诗性书写

德寿宫人物自幼即非常好学，如前引《宋史》卷二四《本纪第二十四·高宗一》所说，高宗"资性朗悟，博学强记，读书日诵千余言"。《建炎以来朝野杂记》甲集卷一《高宗圣学》记其所云："朕居宫中，自有日课，早阅章疏，午后读《春秋》《史记》，夜读《尚书》，率以二鼓罢。尤好《左氏春秋》，每二十四日而读一过。"到了执政后期，如前引《中兴小纪》卷三八所说，高宗还专门在宫中建了损斋和复古殿。"屏去声色玩好，置经史古书，朝夕燕坐于此。尝作记以自警。"《建炎以来系年要录》卷一一一载，建炎元年（1127）十二月，登基不久的高宗召见75岁高龄时任工部侍郎的大儒杨时，杨时向他建议："自古圣贤之君，未有不以讲学为先务者。"高宗为此下诏："朕朝夕延见大臣，咨访庶务。群臣进对，随时尽言。退阅四方奏牍，少空则批览载籍。鉴观前古，独于讲学久未遑暇念。虽羽檄交驰，巡幸未定，亦不可废。其以侍从四员充讲读官。万几之暇，就内殿讲读。"高宗对皇子和大臣都提出重学的要求。《建炎以来系年要录》卷一四五载，他对大臣说："士大夫不可不学，唯学故能考前世兴衰治乱，以为龟鉴，则事无过举，而政皆适当矣。朕在宫中，未尝一日废也。"高宗读书的目的在于明理用事。《建炎以来系年要录》卷一四六载，他曾自言："朕每读书，未尝苟，必思圣人所以立言之意。""朕于宫中无嗜好，唯好观书，考古人行事以施于政。凡学必自得乃可用，第与古人点姓名，何所益也？""读书不适用，则不若愚人。愚人犹无过，读书不适用，为患更甚。"高宗原来对北宋哲宗朝以来的党争了解不深，声称"我爱元祐"，公开偏袒元祐党人。而在认真学习之后调整政策，一方面肯定王安石的部分思想和作为，另一方面也制止元祐党后人翻案。《中兴小纪》卷二二载，绍兴七年（1137）徽猷阁待制邵博进其父秘阁修撰邵伯温所著《辩诬》，高宗指出："事之纷纷，止缘一邢恕尔。数十年来，士大夫攻讦，几分为国？几分为民？皆缘私意，托公以遂其事。宣仁之谤今已明白，纷纷之议可止矣。"此事总体上结束了北宋后期以来的新旧党争。在高宗的倡导下，包括皇子在内的皇室宗亲和宰执大臣都非常重视读书学习，不仅提高了执政水平，而且提升了文化修养。

德寿宫人物通过读书重学也极大地提高了文学修养。他们不仅擅书画等艺术，也多善诗文。高宗写得一手好诗文。渔父是中国古代文学中重要的原型。自先秦以来，这一形象在历代文学作品中不断出现，成为隐逸情感表达的重要载体。在张志和《渔歌子》的影响下，唐代词坛出现了渔父词唱和小高峰。南宋时又迎来渔父词创作繁盛期。高宗是《渔父词》的倡导者，曾作《渔父词》15首，影响一时风气。其词序云："绍兴元年七月十日，余至会稽，因览黄庭坚所书张志和《渔父词》十五首，戏同其韵，赐辛永宗。"高宗的《渔父词》景物描写清丽自然，如第一首："一湖春水夜来生。几叠春山远更横。烟艇小，钓丝轻。赢得闲中万古名。"此诗在很大程度上反映了高宗的生活向往。一夜雨后生春水，春山连绵起伏，不知何处是尽头。渔父乘着一叶扁舟，在湖面上悠然自得地等着鱼儿上钩，这种悠闲自得的生活令身处战乱的高宗神往。绍兴年间（1131—1162）高宗所作还被作为童子试内容。童子在背诵经典之外，还背诵高宗《渔父词》。《宋会要辑稿·选举九》载："诵御制《劝学》《渔父词》及经子书十四种。""诵御制《建炎古诗》《渔父词》及经子书十六种。""诵御制《渔父词》及经子书九种。""诵御制《渔父词》及经子书九种。"这虽有承奉帝王的因素，但也可见高宗词的通俗生动。高宗《渔父词》进入经典背诵行列，对推尊词体也起到相当大的作用。这是童子试的另一种收获。高宗尚作有《舞杨花·牡丹半圻初经雨》《望江南·江南柳》等词作。傅璇琮等主编《全宋诗》第三十五册收录高宗诗33篇（有的有数首）及一些残句。按单首计，完整的有146首。除写景和题画外，多宣导内容。其中最精心者为《文宣王及其弟子赞》。如前所述，绍兴十四年，高宗为李公麟《孔子及七十二弟子图》制赞。其序曰："朕自睦邻息兵，首开学校，教养多士，以遂忠良。继幸太学，延见诸生，济济在庭，意甚嘉之。因作《文宣王赞》。机政余闲，历取颜回而下七十二人亦为制赞。用广列圣崇儒右文之声，复知师弟子间缨弁森森，覃精绎思之训，其于治道，心庶几焉。"其一云："大哉圣宣，斯文在兹。帝王之式，古今之师。志则春秋，道由忠恕。贤于尧舜，日月其

誰云漁父是愚公一葉為家
萬慮空輕破浪細迎風睡起
蓬牕日正中

宋高宗蓬牕睡起

图6-14　宋孝宗为佚名画《蓬窗睡起》所题宋高宗《渔父词》

誉。维时载雍，戡此武功。肃昭盛仪，海宇聿崇。"又如前所述，绍兴二十六年，高宗将《孔子及七十二弟子图》《文宣王及其弟子赞》与石经一同刻立于太学。童子试除《渔父词》外也有《文宣王及其弟子赞》："诵御制《宣圣七十二贤赞》及经子书十种。"其他还有类似文章："诵御制《为君难说》及诸子书十种。""诵御制《损斋记》及九经。"高宗皇后吴氏也善诗，只是传世的不多。其《题徐熙牡丹图》诗云："吉祥亭下万年枝，看尽将开欲落时。却是双红有深意，故留春色缓人思。"《题徐熙芍药》诗云："秾李夭桃扫地无，眼明惊见玉盘盂。扬州省识春风面，看尽群花总不如。"颇有意趣。

傅璇琮等主编《全宋诗》第四十三册收录孝宗诗23篇（有的有数首）及一些残句。按单首计，完整的有41首。另史浩《鄮峰真隐漫录》卷二一误录《普安郡王上皇后生辰诗》《建王上皇后生辰诗》也为孝宗所作，《全宋诗》未收入。唐圭璋编著《全宋词》录其《阮郎归·选德殿作和赵志忠》词。孝宗诗词慷慨沉雄。清陈焯《宋元诗会》卷一《宋孝宗》云："宋南渡令主唯一孝宗。其见诸歌吟者雄紧清厉，气概岸然……厥志为可尚矣。说者谓，在藩邸时得力于尹焞、朱震辈之讲习。岂不然乎？"

明毛晋所辑《二家宫词》分为两部分，一为徽宗所作，一为杨氏所作。后一部分辑七言绝句50首。卷末附录跋语一云："右宫词五十首，宁宗杨后所撰，好事者秘而不传，世亦罕见。癸酉仲春，得之江左，何啻和隋之珠璧耶！王建、花蕊不得专美矣。潜夫识。""潜夫"可能是号为"泗水潜夫"的周密，他对杨氏所作评价较高。杨氏有《宫词》吟德寿宫："瑞日瞳昽散晓红，乾元万国佩丁东。紫宸北使班才退，百辟同趋德寿宫。"

高宗、孝宗退居德寿宫（重华宫）后，对其有较多吟咏。孝宗有《题冷泉堂飞来峰》长诗。《咸淳临安志》卷二《行在所录二·宫阙二》载："太上雅好湖山之胜，恐数跸烦民，凿大池宫内，引水注之。叠石为山，象飞来峰。有堂名冷泉。孝宗皇帝尝赋诗曰：'山中秀色何佳哉，一峰独立名飞来。参差翠麓俨如画，石骨苍润神所开。忽闻仿像来宫囿，指顾已惊成列岫。规模绝似灵隐前，面势恍疑天竺后。孰云人力非自然，千岩万壑藏云烟。上有峥嵘倚空之翠壁，下有潺湲漱玉之飞泉。一堂虚敞临清沼，枝荫交加森羽葆。山头草木四时春，阅尽岁寒长不老。圣心仁智情优闲，壶中天地非人间。蓬莱方丈渺空阔，岂若坐对三神山。日长雅趣超尘俗，散步逍遥快心目。山

图6-15　德寿宫后苑西区飞来峰、冷泉堂拟想图（资料来源：浙江省古建筑设计研究院：《德寿宫复原研究（效果图册）》，2021年）

光水色无尽时，长将挹向杯中渌。'"高宗阅后高兴地说："老眼为之增明。"并题跋云："吾儿自幼岐嶷进德修业，如云升川增，一日千里。岂特义方之训、师保之功，盖生知夙成，有不由言传而自得者。吾比就宽闲之地，叠石为山，引湖为泉，作小亭于其旁，用为娱老之具。且俾吾儿万几之暇，时来游豫。父子杯酒相属，挹山光而听泉流，濯喧埃而发清兴，恍若徜徉于灵隐天竺之间，其乐可胜既哉。吾儿乃肆笔成章，形容尽美。虽吟咏之作，帝王之余事，然造语用意，高出百世之上，非巨儒积力可窥其粗，亦有以见天纵之多能。览之欣然，老眼为之增明矣。"高宗盛赞孝宗诗文功底深厚，喜悦之情溢于纸上。

《咸淳临安志》卷二《行在所录二·宫阙二》载，高宗于吴中得蟠松，作《盘松赞》诗云："天锡瑞木，得自嶔岑。枝蟠数万，干不倍寻。怒腾云势，静奏琴音。凌寒郁茂，当暑阴森。封以腴壤，洒以碧浔。越千万年，以慰我心。"周必大《文忠集》卷五〇《题跋》又录有其《祭土地文》（《祭盘松文》）："德寿宫苑囿分四地分，盘松在其北。御制赞如右。今太府丞张镒以遗卢陵曾三异属臣题其后。臣尝敬观御制《祭土地文》为此松也。其全文云：'维淳熙五年岁次戊戌十一月日，太上皇帝遣内侍张宗尹特设牲牢，旨酒珍果香花致祭于本宫土地之神：神有百职，职各不同。典司草木，土事是供。我游湖园，乃获奇松。植之禁苑，百态千容。婆娑偃盖，夭矫腾龙。翠色凝露，清音舞风。醉吟闲适，予情所钟。壅培封殖，久或力穷。乌鸟外扰，蚁蠹内攻。神其剿绝，勿使能终。精邪窃据，盗斧适逢。神其呵逐，勿使遗踪。常令劲质，坐阅隆冬。坚逾五柞，弱异双桐。历千万年，郁郁葱葱。牲牢旨酒，嗣录汝功。尚飨！'今并录以遗三异，使宝藏之。御书后一绝，苏文忠公轼诗也。"

聚远楼一带茂林修竹参天蔽日，为避暑佳处。《武林旧事》卷七《乾淳奉亲》载，乾道三年（1167）三月初十，周必大进《端午帖子》云："聚远楼前面面风，冷泉堂下水溶溶。人间炎热何由到，真是瑶台第一重。"又曰："飞来峰下水泉清，台沼经营不日成。境趣自超尘世外，何须方士觅蓬瀛。"淳熙三年（1176）九月十五日，明堂大礼后高宗移步至绛华堂进泛索（点心），知阁张抡进《临江仙》词助兴："闻道彤庭森宝杖，霜风逐雨驱云。六龙扶辇下青冥，香随鸾扇远，日映赭袍明。　帘卷天街人顶戴，满城喜气氤氲，等闲散作八荒春。欲知天意好，昨夜月华新。"

高宗外出游览也带着诗性。《武林旧事》卷三《西湖游幸（都人游赏）》载："一日，御舟经断桥，桥旁有小酒肆，颇雅洁，中饰素屏，书《风入松》一词于上。光尧驻目称赏久之，宣问何人所作。乃太学生俞国宝醉笔也。其词云：'一春长费买花钱，日日醉湖边。玉骢惯识西泠路，骄嘶过、沽酒楼前。红杏香中歌舞，绿杨影里秋千。　　暖风十里丽人天，花压鬓云偏。画船载取春归去，余情付、湖水湖烟。明日再携残酒，来寻陌上花钿。'上笑曰：'此词甚好，但末句未免儒酸。'因为改定云：'明日重扶残醉。'则迥不同矣。即日命解褐云。"高宗尽兴之余还让俞国宝解褐为官。

南宋一些大臣和诗人为德寿宫写了一些庆赞诗，兹录若干如下。

### 从驾过德寿宫，马上得程泰之次庚寅玉堂旧韵，有银章金带之戏，走笔为谢

周必大

推敲也复从鸣銮，凤沼诗盟故未寒。

两制空烦舍人样，外郎争比大夫官。

翰林今夜仍连直，讲殿明朝岂两般。

毕竟五金如五味，莫因黄白议咸酸。

### 德寿宫庆寿（十首）

杨万里

淳熙丙午元日，圣上诣东朝庆寿八秩。积阴顿晴，

飞雪弄日。圣孝昭格，万姓呼舞。拟作口号。

长乐宫前望翠华，玉皇来贺太皇家。
青天白日仍飞雪，错认东风转柳花。

清晓鞭声出禁中，惊开剩雨及残风。
金鸦衔取红鸾扇，飞上玻璃碧海东。

春色何须羯鼓催，君王元日领春回。
牡丹芍药蔷薇朵，都向千官帽上开。

双金狮子四金龙，喷出香云绕殿中。
太上垂衣今上拜，百王曾有个家风。

天父晨兴未出房，君王忍冷立风廊。
忽然鸣跸珠帘卷，万岁声传震八荒。

花外班行雾外天，何缘子细望龙颜。
小窥玉色真难老，底用癯仙九转丹。

甘露祥风天上来，今回恩数赛前回。
都将四海欢声里，酿作慈皇万寿杯。

尧舜同时已甚都，祖孙四世古今无。

谁将写日摹天手，画作皇王盛事图。

甲戌王春试集英，小臣曾是老门生。
苍颜华发鹓行里，也听钧天九奏声。

帝捧瑶觞玉座前，彩衣三世祝尧年。
天皇八十一万岁，休说庄椿两八千。

### 冬至称贺紫宸殿及德寿宫
杨万里

宫烛奔忙下玉除，晨曦拂掠丽储胥。
东西班动云开合，警跸声来电卷舒。
隆准衣裳红一点，御香烟雾碧千庐。
勋华二圣天齐寿，亚岁年年贺帝居。

### 题曹仲本出示《谯国公迎请太后图》。
### 自肃天仗以下皆纪画也
杨万里

德寿宫前春昼长，宫中花开宫外香。
太皇颐神玉霄上，都人久不瞻清光。
今晨忽见肃天仗，翠华黄屋从天降。

图6-16  复建的德寿宫宫墙梅景

一声清跸万人看，天街冰销楼雪残。

北来又有一红伞，八鸾三骓金毂端。

辇中似是瑶池母，凤鹊霞裳剪云雾。

太皇望见天开颜，万国春风百花舞。

乃是慈宁太母回鸾图，母子如初千古无。

朔云边雪旗脚湿，御柳宫梅寒影疏。

向来慈宁隔沙漠，倩雁传书雁难托。

迎还魏驭彼何人，魏武子孙曹将军。

将军元是一缝掖，忽攘两臂挽五石。

长揖边廷如小儿，奉归慈辇如折枝。

功盖天下只戏剧，笑随赤松蜡双屐。

飘然南山之南北山之北，

君不见岳飞功成不抽身，却道秦家丞相嗔。

## 德寿宫即事（六首）
### 任希夷

金爵觚棱晓色开，三朝喜气一时回。

圣人先御红鸾扇，天子龙舆万骑来。

霜晓君王出问安，宝香随辇护朝寒。

五云深处三宫宴，九奏声中二圣欢。

宴归还驾七香车，一夕天开六出花。

瑞色先凝紫宸殿，春光重到玉皇家。

慈福修龄八十春，微阳才动宝书新。

天家庆事古无有，奕叶重光似显仁。

万年觞举庆重华，百辟需云始拜嘉。

寿宴开时先雪宴，天花舞罢带宫花。

直前论奏极精神，柱下霜髯侍从臣。

归美意中规谏切，华封人是颍封人。

图6-17　〔宋〕佚名《玉楼春思图》（辽宁省博物馆藏）

## 德寿宫春帖子（八首）
### 曹　勋

晓来帘幕卷东风，尚有春寒下绮栊。
德满人间和气浃，卯山宫殿瑞云中。

弄黄宫柳未齐匀，便觉风和淑景新。
自是东君朝最贵，欣欣春事足颐神。

卷帘康寿丽朝曦，经卷龙香昼漏迟。
闲暇瑶琴成雅奏，和风吹入万年枝。

腊余七日换年华，玉砌青萱半吐芽。
竹色松声清侣玉，未须剪彩作春花。

椒房懿德庆源同，环佩雍容冠六宫。
妆罢朝元无一事，关雎诗咏二南风。

露香栏槛已青青，梅萼惊春照坐明。
天极元妃资内助，常年春首祝椿龄。

向晓天中月一痕，春阳先到凤凰门。
苑中斗草寻芳处，日日春熙奉至尊。

袅袅柔风泮绿波，深沉甲馆已微和。
新春玉带香罗薄，从此宫中乐事多。

## 皇帝上太上皇帝寿乐曲·太上皇帝
## 初举酒用蟠桃之曲

崔敦诗

结根阆苑，登实瑶池。

红云骈艳，瑞露含滋。

味参石髓，名配松脂。

王母一笑，河水涟漪。

## 皇帝太平上皇帝寿乐曲·皇帝上太上皇寿酒用福安之曲
### 崔敦诗

笙镛皦绎，簧籁腾骧。

奉觞介寿，龙衮黼裳。

盛仪克举，至德用章。

刑于四海，化洽风扬。

## 淳熙二年春帖子词·光尧寿圣宪天
## 体道太上皇帝（合六首）
### 崔敦诗

九重云气郁崔嵬，日转青旗瑞色开。

晨晔一声春又到，太平天子上瑶杯。


楼阁隔年余旧雪，园林连夜著新花。

东皇拟作行春计，先到长生大帝家。


景龙门上华灯动，黄鹄池边翠浪通。

一一春光须作主，从今二十四番风。

嶰管今朝应，璿杓昨夜旋。
耕桑三万里，一样乐尧天。

采柏浮仙醥，凝酥点寿盘。
君王千万岁，长奉两宫欢。

事已高超古，心犹切为民。
慈颜应有喜，房宿正当晨。

## 淳熙二年春帖子词·寿圣明慈太上皇后（合六首）

### 崔敦诗

扇开雉影红云起，帘卷虾须画烛明。
三十六宫齐进酒，盘金小胜缕长生。

日溶凤沼摇波暖，云护龙楼倒影长。
读罢黄庭无一事，好风吹动百花香。

院落韶光归柳色，郊原耕信到菖芽。
望春台下□□软，不见游龙有外家。

宝殿春朝退，瑶池夜宴深。
明朝是人日，时复问晴阴。

玉管和声度，金铺丽景迟。
思齐文母圣，春日受春祺。

翠辇西湖路，雕盘北苑花。
时平无外事，随意趁年华。

## 淳熙七年春帖子·光尧寿圣宪天
## 体道性仁诚德经武纬文太上皇帝（合六首）

崔敦诗

冰消宿沼悠扬动，烟暖寒林约略青。
试上龙楼回远望，朝来生绿画罗屏。

聚景园中芳意换，望湖楼下绿波长。
厖眉自识车音美，时有缊缊夹道香。

一气暗随鸾辂动，万祥给会衮衣朝。
康衢歌吹东风里，满听儿童善祝尧。

欲识春回处，长生大帝家。
万年枝耸翠，千岁果开花。

欲识春回处，君王献寿时。
矞云扶宝座，和气入瑶卮。

欲识春回处，晴峰俯碧泉。

岩峦犹积雪，草木已生烟。

## 淳熙七年春帖子·寿圣齐明广慈太上皇后（合六首）

崔敦诗

苍龙棨戟道春回，尽把韶华入酒杯。

但见殿前移仗退，已闻苑内奏花开。

玉压阑干日影长，云窗侍女昼焚香。

琅函自检长生箓，金管时书急就章。

花边破日红千叠，柳际匀烟翠一层。

阅尽风光长不老，绿车当见从云仍。

天上春光别，东皇管领来。

初从旗气转，旋逐跸声回。

天上春光别，融融物态宜。

彤庭花气暖，黄道日轮迟。

天上春光别，时康乐事繁。

烟花浮阆苑，露叶簇金盘。

图6-18　复建的德寿宫宫额

## 淳熙八年春帖子词·太上皇帝（合六首）

### 崔敦诗

亲提神器授今皇，帝德王功日日昌。
万宇熙台无一事，湖山好处赏风光。

今岁东皇作意迟，春朝恰近上元期。
长生宫殿花开了，便放人间十万枝。

高蹈殊庭二十春，随时游乐为同民。
翠舆黄伞西湖路，老稚年年喜望尘。

翠管吹寒去，青旗卷仗来。
慈皇千万寿，春日上春杯。

剪玉酥花细，盘金彩胜宜。
六宫呈妙巧，春日颂春祺。

凤苑开丹燕，龙楼下翠华。
天工不敢住，春日著春花。

## 淳熙八年端午帖子词·太上皇帝（合六首）
### 崔敦诗

了无尘累可关情，坐见寰区乐太平。
弄水看花聊燕适，倚松餐菊偶经行。

采索谩萦长命缕，紫芽安用引年菖。
只将三纪休兵德，圣寿宜同泰华长。

竹殿阴阴间绿槐，日长棋罢看流杯。
北窗风味沉沉静，南内时新节节来。

濯濯风涵柳，英英露泻荷。
微凉无限意，分付舜弦歌。

莲叶看龟上，桐花引凤栖。

圣人千万寿，福禄与天齐。


待月长生殿，迎风太液池。

慈颜欢乐日，圣德盛明时。


## 淳熙八年春帖子词·太上皇后（合六首）

崔敦诗


昨夜三更斗柄旋，东风催放百花鲜。

飞来峰下溶新绿，流得春光到外边。


郁葱嘉气满蓬莱，天子双称万寿杯。

朝罢乐音迎复道，雕舆同上望春台。


有象升平属好春，九衢歌舞乐芳辰。

濯龙门外车如水，应笑豪华汉外亲。


春晓慈闱启，君王奏问安。

和声调嶰管，欢颂献椒盘。


春夕慈闱永，瑶池乐未央。

管弦声合奏，灯月影交光。

春昼慈闱静，宫帘日上徐。
焚香开竺典，滴露写仙书。

## 淳熙八年端午帖子词·太上皇后（合六首）
崔敦诗

宝月骖鸾采结垂，朝来新写上皇诗。
金盘有露凉生早，玉宇无尘冻解迟。

水晶宫阙净涵虚，历历南风度玉除。
金井辘轳声欲晓，内人来奏问安书。

万年枝下绿阴长，拂石时来坐晚凉。
别殿笙歌催宴早，千门铺月静焚香。

菰黍团云白，菖花剪玉长。
晚凉新月上，水殿按霓裳。

翰墨消长日，尊罍占远风。
纤尘吹不到，人在玉壶中。

海上千年实，峰头十丈花。
年年当令节，同献玉皇家。

# 百戏意趣

　　南宋初年，由于战火纷乱，艺人流离失所，加上财用不足，所以没有条件发展宫廷乐舞之类。《宋史》卷一三〇《志第八十三·乐五》载，高宗尝言："朕方日极忧念，屏远声乐，不令过耳。承平典故，虽实废名存，亦所不忍，悉从减罢。"但一旦条件改善，特别是在退居德寿宫后，高宗便以复兴艺术为大事。宋代是一个文化全面世俗化的时代，高雅文化与通俗文化趋于融合，精英文化融汇于民间文化。南宋时这种文化的世俗化更为彻底，其主体不再是宫廷文化、贵族文化，而是城市和乡村的世俗性文化。虽宫廷内外、阶层上下互融互动，但整体上趋于世俗化。德寿宫人物多通音乐、舞蹈之类，有很高的专业造诣。他们顺应潮流，将民间艺术引入宫室，在新的语境下发展文化、消费文化，既将世俗文化融入日常生活，也推动了社会文化发展。

　　高宗自幼善琴。《四朝闻见录》卷二乙集《高宗好丝桐》载："高宗自康邸已属意丝桐。时有僧日辉、日仙，尝召入，以是被知。上既南巡吴会，二僧亦自京师来，欲见上，未有间。会上幸天竺，二僧遂随其徒迎驾起居。上感昔，至挥涕记之。还宫，即命黄门召入，黄门对以此须令习仪，上曰：'朕旧所识，纵疏野何害？僧徒固宜疏野。'黄门复奏，以为入夕非宣召僧徒之时。上曰：'此即是。'翌朝，召二僧入，道京师事与度南崎岖，上甚悲且喜，由是宣召无时。二僧冀规灵隐蔬地剧庵以老，其徒不能从。上至遣使谕灵隐僧，僧犹豫未奉命。上降黄帜，任二僧所欲为界。灵隐僧惧而纵二僧自营，今额为天申圆觉寺。上既倦勤，退处北宫，间乘小藤团龙肩舆憩其庐。重华脱屣万乘，亦修思陵故事。有御制二诗，其徒摹云章于壁石云。"说高宗念做康王时认识的两个乐人释日辉、日仙旧情，在临安做皇帝后不仅让他们出入皇宫，还助其在灵隐寺蔬菜地建天申圆觉寺。退位后，高宗还去该寺做客。后来孝宗也去访问，并作御制诗两首。作为皇帝，对普通的艺人如此重情，也可见其对艺术的看重。又《黄振以琴被遇》载："琴师黄震，后易名振，以琴召入。思陵悦其音，命待诏御前，日给以黄金一两。后黄教子，乃以他艺入。语以：'尔子不足进于琴邪？'黄喟然叹曰：'几年几世，又遇这一个官家？'黄死，遂绝弦云。"高宗与黄震有伯牙、子期之遇，不仅封其为待诏，还每天给 1 两黄金。黄震有"几年几世，又遇这一个官家"之叹，足见高宗对乐理的理解之深。《齐东野语》卷一六《菊花新曲破》载："思陵朝掖庭有菊夫人者，善歌舞，妙音律，为仙韶院之冠，宫中号为菊部头。然颇以不获际幸为恨，既而称疾告时。宦者陈源以厚礼聘归，蓄于西湖之适安园。一日，德寿按《梁州曲舞》，屡不称旨。提举官关礼知上意不乐，因从容奏曰：'此事非菊部头不可。'上遂令宣唤，于是再入掖禁，陈遂憾怅成疾。有某士者，颇知其事，演而为曲，名之曰《菊

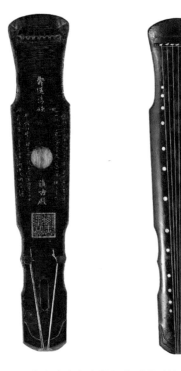

图6-19　传宋高宗复古殿旧藏"虞廷清韵"琴（私人藏）

花新》以献之。陈大喜，酬以田宅金帛甚厚。其谱则教坊都管王公谨所作也。陈每闻歌，辄泪下不胜情，未几物故。园后归重华宫，改名小隐园。孝宗朝，拨赐张贵妃，为永宁崇福寺云。"元宋无《宫词》云："月照芙蓉水殿秋，仙韶一曲奏凉州。高皇尚爱梨园舞，宣索当年菊部头。"小隐园在今杭州花圃内。因高宗故事，南宋开始也以菊（鞠）部指代戏剧，也称菊（鞠）坛、菊（鞠）台。

高宗对中国舞蹈的发展做出了巨大贡献。《癸辛杂识》后集《舞谱》载："予尝得故都《德寿宫舞谱》二大帙，其中皆新制曲，多妃嫔诸阁分所进者。所谓谱者，其间有所谓：左右垂手：双拂、抱肘、合蝉、小转、虚影、横影、称裹。大小转撺：盘转、叉腰、捧心、叉手、打场、搀手、鼓儿。打鸳鸯场：分颈、回头、海眼、收尾、豁头、舒手、布过。鲍老掇：对窠、方胜、齐收、

舞头、舞尾、呈手、关卖。掉袖儿：拂、蹩、绰、觑、掇、蹬、
燦。五花儿：踢、搕、刺、撷、系、捌、捽。雁翅儿：靠、挨、
拽、捺、闪、缠、提。龟背儿：踏、攒、木、折、促、当、前。
勤步蹄：摆、磨、捧、抛、奔、抬、撅。是亦前所未闻者，亦
可想见盛平和乐之盛也。"20世纪初考古人员在敦煌石窟发现唐、
五代《敦煌舞谱》残卷，它以令、摇、送等文字形式记录了舞
蹈动作。作为字谱的《德寿宫舞谱》，可能是舞蹈基本技巧训
练资料，也可能是舞蹈动作术语记录。周密在文中称，他得到
的《德寿宫舞谱》皆为新创曲目，为妃嫔觐献。《德寿宫舞谱》
对窥探中国古代宫廷舞蹈的基本面貌、术语系统、句式结构和
表演节奏，把握其艺术和审美特征，探究其对戏曲舞蹈的影响，
都具有重要价值。周密共录了9组63种舞蹈术语，是宋代舞蹈
文化的结晶。它上承魏晋汉唐以来的传统舞式，下开明清乃至
近现代舞蹈先河。以"左右垂手"一条而言，早在南北朝时期，"垂
手"一词便用于形容舞者广袖拂尘、双手摆动。吴均《小垂手》
诗云："舞女出西秦，蹑影舞阳春。且复小垂手，广袖拂红尘。"
唐段安节《乐府杂录·舞工》云："舞者，乐之容也。有大垂手、
小垂手，或如惊鸿，或如飞燕。"白居易《霓裳羽衣歌》中也
有"小垂手后柳无力"的诗句。元关汉卿《【南吕】一枝花·不
伏老》曲词云："我也会唱鹧鸪，舞垂手。"清浣梅影《天台仙
子歌》绘蒋翠羽舞姿，注称其"爱曳长袖，善舞大小垂手"。
"左右垂手"的7个舞式与现代舞蹈动作也可一一对应。"双拂"
即袖舞中的双抖袖，"合蝉"即背双手于身后如蝉羽合拢。梅
兰芳的师友齐如山在所著《国剧身段谱》一书中对其进行了系

图6-20    四川省泸县新屋嘴村1号南宋墓瓦舍勾栏舞蹈砖雕及相应的临摹图（泸县宋代石刻博物馆

统解读，并指出戏剧中的身段步法来源于古之舞蹈。他建议梅
兰芳从《德寿宫舞谱》中寻找舞蹈资源，唱做并重、载歌载舞。
中国戏曲之源南戏萌芽于南渡以来盛行的永嘉（温州）杂剧，
正式形成在光宗朝，奠基在高宗朝、孝宗朝。永嘉杂剧起初仍是兼有歌舞、滑稽、说唱等艺术表演的"杂剧"，后来演而为戏文时才变成以扮演人物、表演故事为特征的代言体戏剧，吸收了宋杂剧、宋杂扮、大曲、诸宫调、唱赚，以及舞蹈等百戏伎艺的有效元素。这样的综合化表演可能在当时已经比较普遍，《德寿宫舞谱》或也是其中的产物。

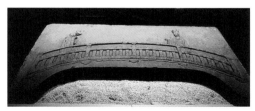
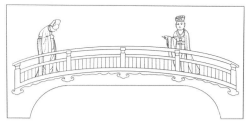

图6-21　四川省泸县新屋嘴村1号南宋墓瓦舍勾栏戏曲表演砖雕及相应的临摹图（泸县宋代石刻博物馆藏）

南宋赵升《朝野类要》卷一《教坊》载："自汉有琵琶、筚篥之后，中国杂用外域之声。六朝则又甚焉。唐时并属太常掌之，明皇遂别置为教坊。其女乐则为梨园弟子也。自有《教坊记》所载。本朝增为东、西两教坊，又别有化成殿钧容班。中兴以来亦有之。绍兴末台臣王十朋上章省罢之。后有名伶达伎皆留充德寿宫，使臣自余多隶临安府衙前乐。今虽有教坊之名，隶属修内司教乐所。然遇大宴等，每差衙前乐充之。不足则又和雇市人。近年衙前乐已无教坊旧人，多是市井歧路之辈。欲责其知音晓乐，恐难必也。"可见德寿宫成为教坊余绪，而且留存了"名伶达伎"，是当时最主要也最专业的艺术表演机构。《武林旧事》卷四《乾淳教坊乐部》载，德寿宫有杂剧、歌板、拍板、琵琶、箫、嵇琴、筝、笙、筚（觱）篥、笛、方响、杖鼓、大鼓、舞旋、和顾（鼓），以及前钧容直（禁军乐队）等色，卷六《诸色伎艺人》等还记有小说等色。元杨维桢《东维子文集》卷六《送朱女士桂英演史序》又载："当思陵上太皇号，孝宗奉太皇寿，一时御前应制多女流也。若棋待召为沈姑姑，演史为张氏、宋氏、陈氏，说经为陆妙慧、妙静，小说为史惠英，队戏为李瑞娘，影戏为王润卿。皆中一时慧黠之选也。"她们构成完整的演出体系。高宗后宫的大、小刘娘子和宁宗后杨氏及其母张氏也为其中角色。《武林旧事》卷七《乾淳奉亲》载："乾道三年三月初十日……太后邀太皇、官家同到刘婉容位奉华堂听摘阮奏曲罢，婉容进茶讫，遂奏太后云：'本位近教得二女童，名琼华、绿华，并能琴阮、下棋、写字、画竹、背诵古文，欲得就纳与官家则剧。'遂令各呈伎艺，并进自制阮谱三十曲。""淳熙三年八月二十一日，寿圣皇太后生辰……小刘婉容进自制《十色菊》《千秋岁》曲破，内人琼琼、柔柔对舞。""淳熙九年八月十五日……太上

图6-22　四川省泸县新屋嘴村1号南宋墓瓦舍勾栏器乐表演砖雕及相应的临摹图（泸县宋代石刻博物馆藏）

召小刘贵妃独吹白玉笙《霓裳中序》。"南宋周淙《辇下纪事》云："德寿宫刘妃，临安人。入宫为红霞帔，后拜贵妃。又有小刘妃者，以紫霞帔，转宜春郡夫人，进婕妤。复封婉容，皆有宠。宫中号妃为大刘娘子，婉容为小刘娘子。婉容入宫时，年尚幼。德寿赐以词云：'江南柳，软绿未成荫。攀折尚怜枝叶小，黄鹂飞上力难禁。留取待春深。'"大刘娘子刘希入宫后先为红霞帔，又为宫中司记，掌宫内文簿出入。录为抄目，审而监印付行。绍兴十六年（1146）封才人，次年又进婕妤，绍兴二十二年封婉容，绍兴二十四年封贵妃。淳熙十四年（1187）去世。《西湖游览志》卷六《南山胜迹》载："褒亲崇寿教寺，俗称刘娘子寺。宋绍兴十八年刘贵妃建。贵妃，临安人，入宫为红霞帔，得幸累迁才人、婕妤、婉容。寻进贵妃，专掌御前文字，工书画，画上用'奉华堂'印。"清赵棻《南宋宫闺杂咏》诗云："论诗赞画侍宸游，艳才清绝数大刘。想见芝泥红沁纸，奉华小印最风流。"传大刘娘子有绝色。《金史》卷一二九《列传第六十七·佞幸》载，张仲轲激完颜亮南征，完颜亮喜曰："向者梁珫尝为朕言，宋有刘贵妃者姿质艳美，蜀之华蕊、吴之西施所不及也。今一举而两得之，俗所谓'因行掉手'也。"传奇色彩与完颜亮闻柳永《望海潮》词南征一般。小刘娘子绍兴十七年封红霞帔，绍兴十九年封宜春郡夫人，绍兴二十二年封才人，绍兴二十八封婉仪。绍兴三十一年与医官王继先议害刘锜而被逐归本家。

德寿宫有专供文化体育活动的建筑射厅，位于后苑南部，临近宫殿区。其旁还有球场，可举行蹴鞠、抛球、投壶等竞技体育活动。射箭类活动在宋代被纳入百戏范畴。《武林旧事》卷七《乾淳奉亲》载："上侍太上同往射厅看百戏,依例宣赐。""太上邀官里至清心堂进泛索,值雨不呈百戏,依例支赐。""上恭领圣旨,索车儿同过射厅射弓,观御马院使臣打球,进市食,看水傀儡。""次至球场,看小内侍抛彩球、蹴秋千。又至射厅看百戏,依例宣赐。"百戏是各种文化娱乐表演的总称,包括上述音乐、舞蹈、戏剧等。宋代的瓦子勾栏是市场化民间表演场所。《武林旧事》卷六《诸色伎艺人》对临安诸类艺人做过统计,其中百戏艺人的种类就多达 35 种。德寿宫的百戏应当也是非常丰富的。

　　南渡后高宗、孝宗结合礼制恢复开发传统名产,在凤凰山皇宫附近设官窑,同时还扶持哥窑等民窑,继承发展了制瓷艺术。南宋官窑和哥窑列于宋代汝、官、哥、钧、定五大名窑之中。德寿宫(重华宫)陈设瓷则丰富多彩。传世汝窑、官窑、定窑等刻有许多"德寿""慈福""奉华""寿成殿"等铭文,许多为其旧物。台北故宫博物院藏汝窑"奉华"铭文瓷出戟尊、纸槌瓶、瓜棱注碗及碟 4 件。它们有的可能是北宋太宗、哲宗、徽宗朝的,也有可能是南宋高宗朝的。台北故宫博物院藏纸槌瓶底部刻有清高宗御诗:"当日奉华陪德寿,可曾五国忆留停?"未知是否可作定论。定窑白瓷"奉华"铭文瓷有 3 件,其中上海博物馆收藏折腰盘及小碗各 1 件,故宫博物院收藏 1 件瓷片标本。"寿成殿"或"寿成殿皇后阁"铭文瓷也发现不少,如故宫博物院藏"寿成殿皇后阁"铭文汝窑盘、英国维多利亚与艾尔伯特博物馆(Victoria and Albert Museum)藏"寿成殿"铭

图6-23　汝窑纸槌瓶及瓶底"奉华"铭文（台北故宫博物院藏）

图6-24　汝窑盘及盘底"寿成殿皇后阁"铭文（故宫博物院藏）

图6-25　汝窑盏托及盏托边沿"寿成殿"铭文（英国维多利亚与艾尔伯特博物馆藏）

图6-26　带有"德寿"铭文的官窑、定窑青瓷片

文汝窑盏托和台北故宫博物院藏"寿成殿"铭文定窑碟。

德寿宫的文化艺术活动往往是与日常生活融合在一起的。明刘绩《霏雪录》载："宋高宗时，饔人瀹馄饨不熟，下大理寺。优人扮两士人相貌，各问其年。一曰'甲子生'，一曰'丙子生'。优人告曰：'此二人俱合下大理。'高宗问故。优人曰：'饦子、饼子皆生，与馄饨不熟者同罪耳。'上大笑，赦原饔人。"说有一次御厨煮馄饨夹生，被他一怒之下打入大理寺。后来两个小丑给他表演节目，他问其年庚，一个说自己是甲子年生，一个说自己是丙子年生，然后共叹："我们都该下大理寺。"宋高宗惊问为何，答曰："饺子生，饼子生，与馄饨生者同罪。"宋高宗听后大笑，立令大理寺放人。这当然是个传说，高宗不可能因馄饨夹生治人以罪，但这确是贴近现实的表演或是当时德寿宫生活的一种写照。《武林旧事》卷七《乾淳奉亲》载，淳熙三年（1176）五月二十一日天申圣节，太上皇帝与孝宗于至乐堂内赏"教坊大使申正德进新制《万岁兴龙曲》乐破对舞"，而后"又移宴清华，看蟠松。宫嫔五十人，皆仙妆，奏清乐，进酒，并衙前呈新艺"。"淳熙九年八月十五日，驾过德寿宫起居，太上留坐至乐堂进早膳毕，命小内侍进彩竿垂钓。上皇曰：'今日中秋，天气甚清，夜间必有好月色，可少留看月了去。'上恭领圣旨……晚宴香远堂……大池十余亩……南岸列女童五十人奏清乐，北岸芙蓉冈一带并是教坊工，近二百人。待月初上，箫韶齐举，缥缈相应，如在霄汉。既入座，乐少止。太上召小刘贵妃独吹白玉笙《霓裳中序》……侍宴官开府曾觌恭上《壶中天慢》一首云：'素飙漾碧，看天衢稳送、一轮明

月。翠水瀛壶人
不到，比似世间
秋别。玉手瑶笙，
一时同色，小按
霓裳叠。天津桥
上，有人偷记新
阕。　　当日谁
幻银桥，阿瞒儿
戏，一笑成痴绝。
肯信群仙高宴
处，移下水晶宫
阙。云海尘清，
山河影满，桂冷
吹香雪。何劳玉
斧，金瓯千古无
缺。'上皇曰：
'从来月词不曾

图6-27　四川省泸县新星嘴村1号南宋墓瓦舍勾栏器乐
表演砖雕及相应的临摹图（泸县宋代石刻博物馆藏）

用金瓯事，可谓新奇。'"淳熙十一年六月初一，孝宗至德寿宫，
太上皇帝请其在德寿宫处理政务。"今日且留在此纳凉，到晚
去。或三省有紧切文字，不妨就幄次进呈。"而后两人同至冷
泉堂观赏飞来峰并赏荷。"堂前假山、修竹、古松，不见日色，
并无暑气。后苑小厮儿三十人，打息气唱道情。太上云：'此
是张抡所撰《鼓子词》。'后苑进沆瀣浆、雪浸白酒。上起奏
曰：'此物恐不宜多吃。'太上曰：'不妨，反觉爽快。'上曰：

图6-28　德寿宫后苑东区香远堂拟想图（资料来源：浙江省古建筑设计研究院：《德寿宫复原研究（效果图册）》，2021年）

'毕竟伤脾。'太上首肯。因闲说："宣和间，公公（按：徽宗）每遇三伏多在碧玉壶及风泉馆、万荷庄等处纳凉。此处凉甚，每次侍宴，虽极暑中，亦着衲袄儿也。'命小内侍宣张婉容至清心堂抚琴，并令棋童下棋，及令内侍投壶、赌赛、利物、则剧。官家进水晶提壶连索儿，可盛白酒二斗，白玉双莲杯盘、碾玉香脱儿一套六个，大金盆一面，盛七宝水戏，并宣押赵喜等教舞水族。又进太皇后白玉香珀扇柄儿四把、龙涎香数珠佩带五十副、真珠香囊等物。直至酉初还内。"南宋耐得翁《都城纪胜·瓦舍众伎》载："淳熙间，德寿宫龙笛色使臣四十名。每中秋或月夜，令独奏龙笛，声闻人间，诚清乐也。"

第七篇

考古与解谜

# 有限时空拼接与解释学考古

　　自清代宗阳宫完全毁圮以后，德寿宫遗址区很少为人关注。1979 年古建筑学家郭俊纶发表《杭州南宋德寿宫考》一文，通过《梦粱录》《西湖游览志》《南宋古迹考》等文献考证，提出德寿宫原宫门在元宝街以南的结论，并认为胡雪岩芝园内的人工岩洞极有可能是德寿宫后苑所仿飞来峰。这一推断引起了学界的广泛重视。1983 年中国社会科学院考古研究所、浙江省文物考古研究所和杭州市文物管理委员会办公室联合组成南宋临安城考古队，由徐苹芳任队长，朱伯谦任副队长。南宋临安城考古队对南宋临安城进行全面考古调查，在初步确定南宋皇城范围的同时，也发现了德寿宫遗存。1984 年在望仙桥至新宫桥之间的中河东岸发现一条南宋时期南北向砖砌道路。它长 100余米、宽 2 米，砌筑整齐，结构精巧，路基厚达 0.4 米，初步判断为德寿宫遗址的一部分。

　　20 世纪八九十年代，杭州市文物考古研究所对南宋皇城遗址进行 10 多次考古发掘，对德寿宫继续进行调查。21 世纪以后，为配合各种旧城改造进行了 4 次系统的考古发掘。2001 年 9 月至 12 月，在配合望江路拓宽工程进行的考古发掘中发现德寿宫

图7-1  德寿宫遗址考古发掘部分中区和西区航拍图（资料来源：杭州市文物考古研究所）

东宫墙、南宫墙和部分宫内建筑遗迹。2005年11月至2006年4月，在居住区改造过程中对原杭州工具厂地块进行考古发掘，发现德寿宫西宫墙、便门、水渠、水闸和水池、砖铺路面、柱础基础、墙基、大型夯土台基、水井等遗迹。西宫墙位于靴儿河下东侧，南北走向，墙基宽2.2米，残高0.7米。水池、水渠和假山石等遗迹规模宏大，构思精巧。其中水渠遗存总长近35米，宽2.5—3米。水渠底部以坚硬平整的灰红色夯土夯筑，两侧壁面由砖错缝平铺叠砌包边。水渠中还有大量太湖石遗迹，可见水渠在德寿宫后苑中不仅是引水设施，而且与山石材料结合构成蜿蜒的溪涧景观。它们为一窥德寿宫后苑面貌提供了实物资料。2010年4月至7月杭州市文物考古研究所进行第三次考古发掘，发现多处建筑遗迹，包括夯土基础、宫殿建筑基址及水井、暗沟等，基本摸清了德寿宫中轴线南部殿堂类建筑遗迹的大致

图7-2　德寿宫西轴线和中轴线复原建筑

图7-3　德寿宫遗址中区和西区

分布情况。2017 年 4 月至 2020 年 1 月进行第四次考古发掘，发掘面积 6900 平方米，揭示了德寿宫中轴线南部及其西侧次轴线上的工字殿等多组建筑，包括宫殿基址、假山基础、大型砖砌道路、水池驳岸及排水设施等遗址，较系统地揭示了南部宫殿建筑的分布状况和构造样式。

德寿宫遗址是迄今发掘面积最大、揭露遗存最丰富的南宋皇家宫殿园林建筑遗址。其南部为宫殿区，面积约 5.3 万平方米。北部为后苑园林区，面积约 11.7 万平方米。总面积约 17 万平方米。4 次考古发掘主要集中在南部，北部仍为住宅区和商业区，尚未能进行考古发掘。历史上的杭州城区面积相对狭小，自隋置杭州至民国时期，除略向东、北 2 个方向扩张外无明显变化。多次重复用地导致南宋德寿宫遗迹多居于现地表以下较深处，遭晚期叠压打破损坏严重，其中元明清及近现代灰坑即有百余处。考古发掘分为近现代层、明清层、元代层和南宋层 4 个文化层，南宋文化层距地表 2.5—4 米。

南宋文化层也可分为 3 个层次，而其中的各单位也存在互相叠压打破情况。按时代先后排序依次为秦桧府时期—德寿宫时期—重华宫（慈福宫）时期。其中秦桧府时期遗迹揭露较少，多为德寿宫及后期修改建时期遗迹。据遗址状况分析，德寿宫院落主要有 3 个主要建设期，依次为绍兴三十二年（1162）高宗初建、乾道三年（1167）孝宗扩建后苑和淳熙十六年（1189）孝宗改设重华宫。慈福宫也有一次规模较大的改建。淳熙十四年太上皇帝赵构去世，次年孝宗将康寿殿改建为慈福宫。目前南部宫殿区东向考古发掘面积较小，且文化性质单一，除少量

图7-4　德寿宫遗址出土的部分建筑构件（资源来源：杭州市文物考古研究所）

砖砌排水沟、柱础外均为夯土台基。中、西向为德寿宫（重华宫、慈福宫）和康寿殿（慈福宫、重寿殿、寿慈殿）分布区。两部分建筑间距较大，且柱网结构未明显对应，可推测其分属于2组大型院落。

中轴线南部德寿宫（重华宫、慈福宫）院落遗迹主要有5组。一是西北部院落。具体用途不明，墙基通体为砖块砌筑。发现的砖墙东西向长约40米，南北向长30余米，宽度均在80厘米左右。二是东北角砖石混砌驳岸。发现部分的东西向长近15米，两侧向北转折并继续延伸，最高处达60厘米。底部为双层条石

图7-5 德寿宫宫墙、水池、排水沟和砌砖道路遗址（资源来源：杭州市文物考古研究所）

砌筑，上为块石垒砌，东侧局部为长方形砖填充。驳岸以里置有矮松木桩。中部有一条石块石混砌建筑，外侧立有木桩，东西向宽近5米，北侧向北延伸至北壁外，可能为水榭、舫之类水上建筑。整个驳岸分布范围尚不明。根据其所处位置判断，已发现部分当为"小西湖"（大龙池）西南隅。三是中部东西向大型砖砌道路。发现部分长度30余米、宽1—2米，局部区域南侧有散水遗迹。道路东西两侧均向外延伸，西段当可延伸至西便门位置。四是西南部进水渠和水池、假山基础。进水渠在近西便门位置有水闸遗迹。水渠蜿蜒曲折，最宽处可达近2米，呈西高东低缓坡状，出水口存在较大落差。水池平面呈长方形，东西向长约20米，南北向宽约10米，未见驳岸但界限清晰。底部通体为红夯土砌筑，中间插有松木桩地钉。砌筑方式较为特殊，有较强的承重能力，有别于遗址区内其他水池遗迹，可

图7-6 德寿宫遗址出土文物：琉璃砖、陶围棋子、陶酒坛封泥、陶人物造像、
韩瓶、黄釉柳斗杯、青白釉罐、官窑粉青釉碗、官窑青釉花口洗、龙泉窑青釉六
方七管占景盆、龙泉窑青釉瓜棱式水注、龙泉窑青釉芒口洗，景德镇窑青白釉兔
形瓷塑、景德镇窑青白釉童子造像、景德镇窑青白釉碟和木箸（从左至右、从上
到下为序）（资源来源：杭州市文物考古研究所）

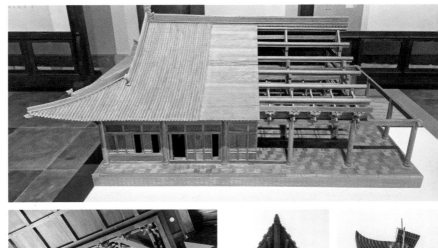

图7-7　重华宫重华殿复原模型和复原建筑藻井、斗拱、仿瑞鹤鸱吻

能上承假山。五是东南部近中轴线位置包边砖砌台基及大型砖砌道路。包边台基当属中轴线大型台基西隅，其上承建筑群组体量尚不明确。南北向砖砌道路较宽。通体长方形砖错缝侧砌，东西向宽约7米，南北向保存情况较差，最长处仅存40厘米。其东侧有一辅道，东西向宽约1.5米，南北向最长处近3.5米。西轴线康寿殿院落修改建较多，遗迹基础以吴氏居住的慈福宫时期为主。其西北部有大型宫殿建筑1处。建筑结构较为清晰，

除西南侧少量磉墩缺失外其余保存较为完整。建筑面阔 5 间，进深 3 间，东西向宽约 30 米，磉墩面宽 80 厘米。其东南、西南另各发现 1 处建筑遗迹，因受发掘面积所限其规模和用途尚未探明。

德寿宫遗址出土遗物 6696 件（组）。其中陶瓷器占比最高，为 5784 件。砖瓦脊兽等建筑构件 368 件，石质文物 71 件，动物骨骼和骨器 151 件（组），铜钱 207 件（组），金银器等金属文物 65 件，漆木器 34 件，料器 16 件。

德寿宫遗址及出土的相关可移动文物为研究南宋德寿宫的历史存在提供了考古学资料，也为南宋史研究提供了珍贵资料。但历史学研究不能唯考古论考古、唯遗址论遗址、唯文物论文物，而必须透过它们探寻历史真相，探寻文化内涵。20 世纪 20 年代王国维在《古史新证》一书总论中指出："吾辈生于今日，幸于纸上之材料外更得地下之新材料。由此种材料，我辈固得据以补正纸上之材料，亦得证明古书之某部分全为实录；即百家不雅驯之言，亦不无表示一面之事实。此二重证据法，唯在今日始得为之。"后来有不少学者在王国维"二重证据法"基础上又提出"三重证据法"乃至"多重证据法"，提出历史学研究要突破文献资料向考古学或文化人类学、社会学等资料拓展。这种证据法突破了古典的单向度思维方法，表现为对历史现象多重向度、全方位的文化探索方式。它主张从文化典籍、考古文物及社会风俗遗存三重维度探讨阐释研究对象的真实性，使古典时代专注文化典籍的治学模式发生革命性转变，也使限于典籍、以讹传讹、不断延续循环的误读问题在方法论上得以不断消解，使文化阐释更高程度上实现历史还原。而其实陈寅恪《王静安先生遗书序》对王国维的观点有更深刻的评述，将其"二重证据法"解释为"二重性"："一曰取地下之实物与纸上之遗文互相释证……二曰取异族之故书与吾国之旧籍互相补证……三曰取外来之观念与固有之材料互相参证。"他认为王国维卓异超群之处本不在于提出"二重证据法"，也不在于这种方法的学术运用，而在于其哲学意蕴和原创品格。这是值得深思的。当代考古学更加强调解释学考古，有所谓考古解释学。层位学、类型学和年代学可以建立考古学文化的时空和谱系，即解决"是什么"的问题。考古解释学则要研究对象背后的文化意涵和发生原理，即解决"为什么"的问题。欧美考古学界所推崇的主要有聚落考古学和新考古学方法。聚落考古学注重遗迹的微观关系和遗址群间的宏观位置关系综合研究，事实上是一种文化生态学、系统论和空间学分析。新考古学则将考古学定义为人类学，强调用经过严格检验的考古证据重建人类生活史。从根本上说，考古学是一门人文科学。它所探求的是人的真实和合理存在。南宋德寿宫遗址博物馆不仅以复原的方式在一定程度上重现了德寿宫旧观，而且大体量露明展示德寿宫遗址，为观众提供了一种直观形象，但对德寿宫究竟是一种什么文化意象仍缺乏解读和解释。要真正解决"是什么"特别是"为什么"的问题尚需在方法论上有所突破，而这种突破首先还是在考古学研究本身。应当整合国内外学术资源，从历史学、考古学、文化学、美学、社会学、经济学以及自然科学等多学科维度对它进行文化基因解码，实现观念上的突破。

# 江南潮湿环境下的土遗址露明呈现

南宋德寿宫遗址博物馆首期用地面积 21367 平方米，总建设面积 12321 平方米，由宫墙、围墙和 5 个低层单体组成。地面建筑采用一层钢结构、二层木结构模式，地下遗址采用止水帷幕和保护棚罩进行防水和温湿度控制，形成有机展示和表现系统。地下部分对德寿宫遗址进行大面积露明展示，空间面积 4600 多平方米，是中国江南潮湿环境下首个土遗址露明保护展示项目。杭州位于亚热带季风气候区，年平均降水量 1100—1600 毫米，年雨日 130—160 天，环境湿度大。德寿宫遗址所在的杭州主城区又处于钱塘江海滨平原型淤泥质海岸，地层构造主要是第四纪泥、沙、砾组成的松散层，地下水水位高，含盐量也较高。潮湿环境下土遗址保护的前提是建造可靠的地下永久防渗墙，从根本上对水环境进行控制，包括防止地表水对遗址的冲刷和下渗，地下水对遗址的浸泡和侵蚀，水作用带来遗址土体的软化、坍塌，干湿循环和冷热交替导致的遗址土体粉化，等等。

德寿宫遗址范围内岩土层可划分为 6 个工程地质层，主要包含杂填土（素填土、砂质粉土）、粉砂、中等风化硅质白云岩、中等风化灰岩、含砾粉质黏土等，内含部分溶洞。地下水中孔隙潜水主要赋存于浅层的杂填土、素填土及砂质粉土夹粉砂，水量较小，接受大气降水和地表水渗入补给，径流缓慢，蒸发是主要排泄方式。水位随季节和气候动态变化，深度在2.1—2.5米，年变幅一般在1米左右。孔隙承压水主要赋存于上更新统粉砂，分布于遗址中部，富水性好，透水性良好，径流迟缓。水位深度在3.5—4.5米，年变幅一般为0.5—1米。基岩裂隙水赋存于基岩风化裂隙和构造裂隙，主要受上部潜水补给，以渗透等形式排泄，动态变化较大，水量一般。基岩有强烈溶蚀现象，且部分已形成溶洞或空洞。德寿宫遗址全部浸泡在地下水中。在对它们进行隔水处理后，土壤中的水分通过空气不断蒸发，毛细系统源源不断地将溶质搬运过来在表面集聚，很容易造成土体疏松、脱落，或析出盐分、结壳，从而使遗址变形或毁坏。而如果再让它们受潮或浸水，在水分子作用下又会软化、泥化，使力学性质发生显著改变。一旦积水富营养化，土遗址有机质含量也将增高，使土体富营养化，表面会生长出苔藓，不仅覆盖遗址本来面目，还会改变其表观结构。温湿度变化还会引起土遗址内的木材、骨器等有机质器物发生变化。潮湿环境下的土遗址保护本是世界性难题，何况还要露明展示。

按照文物保护要求，遗址应保持合适的含水率，既不能因潮湿而融失，也不能因干燥而皲裂。含水率控制与所处环境、土壤类型等有关，一般是先使遗址处于可控环境然后根据监测情况进行适宜性调控。首先是止水。通过建造可靠的止水帷幕切断遗址与外界的地下水联系，并与中等风化硅质白云岩共同构成封闭的防渗体系。中等风化硅质白云岩渗透系数相对较小，并不是理想的隔水层，但性质坚硬，很难被止水帷幕切穿。其次是调节土壤含水率。因遗址展示区上方有结构屋盖，大气降水无法补给。四周的渠式切割装配式地下连续墙、顶部的上部结构屋盖和底部的中等风化硅质白云岩组成的封闭式止水帷幕，又完全隔断遗址与外部的水联系。长期蒸发会导致遗址含水率降低，从而使其不均匀沉降和开裂。因此，还需通过定期喷雾系统调节表层土含水率。最后是监测地下水。通过在止水帷幕内设置深井监测地下水位，必要时抽水降低帷幕内地下水位或回灌升高水位。德寿宫复原保护工程承建单位浙江省三建建设集团有限公司综合采用渠式切割装配式地下连续墙、有机物蓄水保护、"黑房子＋全空气风冷热泵通风系统"等先进技术工艺，对德寿宫遗址进行系统的防水保护，力图使各项环境保护指标得以精准控制，最大限度减少地下水、微生物、紫外线等的侵害。

德寿宫遗址止水墙长度达 440 米，墙体宽度 70 厘米，深度 17—18 米，已抵达岩层。围合面积 4918 平方米，形成"桶壁结构"。止水墙建成后，又采用一种先进的地球物理探勘技术检查漏点。这种技术称阵列式微电流场成像法，它可像给人做 CT 一样给止水帷幕做一次全面的"体检"。然后据此对漏点进行"MJS 补强"（全方位高压喷射工法候补）。目前国内潮湿环境下土遗址保护多采用建造可靠的永久性地下防渗墙方式。其施工工艺要求具有微扰动性、可靠性和耐久性。三轴水泥搅拌桩、高压旋喷桩和地下连续墙是基坑工程中常用的止水帷幕施工工艺，但对周边土体存在一定程度扰动。相对而言，渠式切割水泥土连续

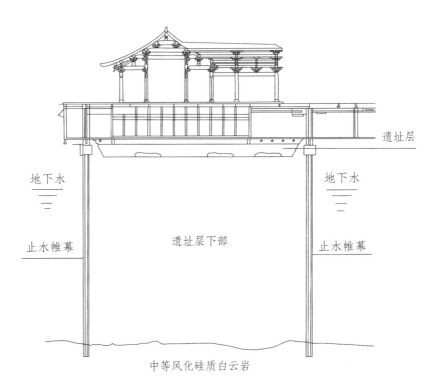

图7-8　德寿宫遗址地下防渗体系（资料来源：李瑛、李淳学、马永华、刘晓燕、刘兴旺、童星：《德寿宫遗址展示工程永久防渗墙的研究与应用》，《地基处理》2022年第1期）

墙（TRD）、全方位高压喷射系统（MJS）和微扰动水泥搅拌桩（IMS）对周边环境扰动较小。渠式切割水泥土连续墙的优点是连续性好，作为止水帷幕十分可靠，但在转角或场地狭小处施工有一定难度。全方位高压喷射系统属于改进后的高压旋喷桩，微扰动水泥搅拌桩属于改进后的搅拌桩。渠式切割装配式地下连续墙（TAD）是在渠式切割水泥土连续墙内插入带有榫卯结构的预应力钢筋混凝土预制板材，拼接为完整的地下连续墙。该形式的地下连续墙由中间的预制板材和两侧的水泥土形成"三明治"结构，既有良好的止水性和耐久性，又有较强的抗弯刚度，可作为水平受力构件和竖向受力构件。德寿宫遗址采用的即是这种工艺。遗址地面部分的保护棚罩可以有效地隔绝遗址本体与外界环境，通过"黑房子＋全空气风冷热泵通风系统"能有效控制空气的温湿度。有机物蓄水保护即对原浸泡于水中的有机物进行蓄水保护，防止其出水氧化。

潮湿环境下土遗址保护难度非常大，它与考古学研究一样是一个复杂的多学科问题，需要加大科学技术研究力度，进行积极的实验性尝试。理想的土遗址保护项目同样需要多学科、高水平团队支持，在全面调查和正确论断病害的基础上采用综合保护措施取得好的保护效果。潮湿环境下土遗址病害及成因的多样性决定了一种保护方法不能完全解决所有问题，在保护上除通过搭建保护棚、建构防水墙等措施进行相应的环境控制外，也需要采用锚固、灌浆、支顶等技术进行物理加固，以及发明更好的加固材料进行化学加固。

潮湿环境下土遗址保护更需要提前介入，与考古发掘同步和深度融合。目前一般是考古发掘先行，保护工作相对滞后。而考古发掘打破遗址所在环境平衡后，遗址往往处于破坏速度最快的阶段。潮湿环境下的考古发掘现场又特别容易发生本体坍塌、文物损毁等事故，造成不可挽回的损失。德寿宫遗址从发掘到保护经历了20多年，大量文物信息已经损坏或消失，给复原建设和文化解读增加难度。未来要在预探测和考古发掘时

图7-9　德寿宫复原建筑屋顶和保护棚罩

即对遗址进行预处理、预加固，抢在遗址变形、干缩开裂、坍塌之前搭建保护棚，进行防水防晒和温湿度控制。潮湿环境下的土遗址保护还要特别重视环境监测，通过先进的监测技术实时掌握遗址状况、及时处理问题。

# 数字活化与审美真实

　　现代博物馆普遍以数字化技术提升展示效果。南宋德寿宫遗址博物馆创新性地综合应用多种数字化手段，通过遗址实景虚拟还原、洞穴（CAVE）沉浸式投影、多媒体展示、互动装置展示技术等构建全景漫游展示系统，使观众能更加形象地读懂较难理解、形貌也较单调的考古遗址，沉浸式感受德寿宫的前世今生。数字活化表现是在考古基础上对历史真实的推演，在某种意义上是考古和历史研究的延续，是实现让遗址向观众"说话"的一种努力，也是引导观众与遗址"对话"的"大众考古"。

　　南宋德寿宫遗址博物馆于遗址本体直接进行数字化还原展示，通过数字叠加、虚实结合的方式构建了与遗址实体对称的数字孪生空间。四川川大智胜软件股份有限公司杭州分公司等承建的数字化展示系统主要分3个层面层层递进。既有与遗址实体叠加复原的增强现实元素，也有再现历史场景的洞穴空间，还有与遗址对应的数字化动态长卷。同时辅之以灯光、3D打印等表现手段，以及触摸导览系统，形成移步异景、情随景迁的有机构成体系。一方面，以数字化方式交代各个考古文化层的叠压打破关系，让观众得以穿越时空，全面了解德寿宫的45年

图7-10　德寿宫遗址数字化动态虚拟拼接展示（资料来源：四川川大智胜软件股份有限公司杭州分公司）

存在史。另一方面，在断壁残垣间动态虚拟拼接使遗址数字化"生长"，再现800多年前的原貌，凸显了遗产的内在价值。这种数字化表现从眼前的遗址中来，再回归遗址本体，通过虚拟现实（VR）、增强现实（AR）甚至混合现实（MR）得以见物、见人、见生活。如在中区900平方米遗址数字化展示重华殿的原来结构和营造过程，在西区3500平方米园林遗址数字化复原慈福宫工字殿后殿，以及方池、凉棚、方亭、"小西湖"（大龙池）部分遗迹，使德寿宫南部整体上得以活化展示。当背景音乐与讲解声在耳畔娓娓响起时，土遗址像是被重新赋予了生命一般，每一处砖石、每一根柱础都与光影效果结合不断"生长"

图7-11　德寿宫遗址数字化动态虚拟拼接展示（资料来源：四川川大智胜软件股份有限公司杭州分公司）

图7-12　德寿宫后苑西区方亭复原展示设计图（资料来源：四川川大智胜软件股份有限公司杭州分公司）

变幻，直至成为大殿和园林。西区还设置了 10 处数字化打卡点。如从西边蜿蜒而入的溪水流碧潺潺，利用了投影灯和水纹灯在水池水渠遗址上的直接投射效果，使真实的遗址与复原影像虚实结合。

　　中区和西区都设置了洞穴沉浸式投影空间。绢本质感的动

图7-13 德寿宫遗址三折幕沉浸式投影景像（资料来源：四川川大智胜软件股份有限公司杭州分公司）

态长卷和可升降三折幕等与遗址"地幕"相互辉映，形成裸眼3D式的立体效果，给观众以身临其境的感觉。鉴于未能对德寿宫后苑进行考古，又在西区对"小西湖"（大龙池）进行数字化动态演绎。如以节气为顺序演绎四季景色风光，再现南宋园林之美。洞穴沉浸式投影系统是一种基于投影的沉浸式大型虚

清明

清·暖·寻·芳

蝶·锦·佳·阶

立夏

水清木华

高楼

大雪

暖·酒·支·窗

蟠·松·清·樂

图7-14　德寿宫四季拟想动态长卷（资料来源：四川川大智胜软件股份有限公司杭州分公司）

立秋
金桂飄香
清新賞花

图7-15    德寿宫拟想动态长卷（资料来源：四川川大智胜软件股份有限公司杭州分公司）

拟现实显示系统。它以计算机图形学为基础，将高分辨率的立体投影显示技术、多通道视景同步技术、三维计算机图形技术、音响技术、传感器技术等完美结合在一起，制造三维立体投影画面包围的完全沉浸式虚拟环境和增强现实场景，特点是分辨率高、交互性好、沉浸感强。西区还设置了一些透明OLED显示屏，通过显示、触摸交互和AR联动等功能，满足多角度、多场景体验需求，强化了这种"洞穴"效果。

德寿宫数字化复原展示建基于南宋临安城和德寿宫建筑、德寿宫园林、德寿宫主要陈设、史实故事5个层面的研究，吸纳了

考古学、历史学、建筑学、园林学、美学等多学科研究成果，与实体环境一样选取了一些可视化表现主题和装饰形式。目前的选题还不多，未来尚需进一步丰富。可结合本书前述各种重大题材和标志性事件深化研究和创作，如两宫议政、天申圣节（太上皇帝寿诞）、壶中西湖、孝宗奉亲、宁宗登基、杨氏入宫、贵妃乐舞、翰墨造妙、题画制赞、博古幽赏等，以充分展示德寿宫的文化内涵和特殊的历史价值。南宋德寿宫遗址博物馆的所有实体环境也应向这个方向改造。要将本真的德寿宫之"是什么"和"为什么"释读于观众，由此彰显德寿宫遗址特殊的存在意义。

与一般博物馆相比，考古遗址博物馆与遗址融于一体，所蕴含的历史文化信息更加真实完整。随着数字化技术水平的提升和应用范围的拓展，考古遗址博物馆获得了一种更能被人接受的表达形式，并且极大地拓展了艺术想象空间，形成了独特的历史美学叙事语言。如读宋孝宗《题冷泉堂飞来峰》诗，可以领略德寿宫"圣心仁智情优闲，壶中天地非人间"之美。这既是文学审美，也是历史审美，由此延展出考古遗址博物馆的历史美学问题。英国哲学家伯特兰·阿瑟·威廉·罗素（Bertrand Arthur William Russell）在《历史学作为一种艺术》一文中指出，历史学"既是科学又是艺术"。鲁迅《汉文学史纲要》一书这样称颂司马迁的《史记》："虽背《春秋》之义，固不失为史家之绝唱，无韵之《离骚》矣。唯不拘于史法，不囿于字句，发于情，肆于心而为文。"历史学是科学的，如同其他科学一样，它能发现规律以便更好地指导人的行动。历史学也是艺术的，它具有历史之美感，可以进行历史之审美。与一般的自然审美和艺术审美有所不同，它是一种更深层次的审美活动和审美创造。未来的历史学离不开历史美学的完善，历史美学是历史学发展的一个新维度，也是考古遗址博物馆美学创造的新未来。

历史学家要有历史意识和历史想象，以审美想象重构历史场景，使审美主体获得历史美感。审美是一种欣赏的、辨别的对美的领会，因而具有理性，不局限于感觉。"历史之审美"是将"历史"作为审美客体加以美学审视和价值评判，是历史认识论、历史价值论判断。历史贵在真实，历史真相具有美感，历史学的根本任务在于还原历史真相，历史学首先具有真实之美感。历史学也要发现历史之善和美，用优美的形式语言表达历史，逼真、形象、生动地再现它。历史学著作只有富于审美性，才能激发读者的审美意识。考古遗址博物馆已经比一般博物馆更具有历史真实性，但并非完全真实。它在很大程度上还只是考古学家甚至是考古领队所谓的真实，如何通过历史学或博物馆学对其进行重新"考古"和解释是考古遗址博物馆的中心任务。赋予考古遗址美的真实，也是历史学或博物馆学的重要任务。

　　在数字化时代，人在更大程度上有了沉浸于历史的可能。这是更深入的求真、求善的历史学，也是更富审美精神的历史学。德寿宫遗址数字化展示是一次博物馆元宇宙（Metaverse）化实验，它将考古美学、历史美学进行了新的提升。元宇宙曾被称为"虚拟世界""虚拟生境""虚拟造境"等，中国科学家钱学森曾于 1991 年建议将"虚拟现实"（Virtual Reality）译为"灵境"。虚拟世界中的场景可以互相建桥、互相打通，构建为更大的场景，如通过区块链桥接将不同的平行宇宙连接起来。美国脸书公司（Facebook）所做的 Metaverse，与微软公司（Microsoft）、谷歌公司（Google Inc.）建构的虚拟世界都可以互联沟通。美国作家尼尔·斯蒂芬森（Neal Stephenson）的科幻小说《雪崩》（*Snow Crash*）最早以 Metaverse（最早的中译本译为"超元域"）命名人类共有的虚拟世界。当 Metaverse 被用来概括在 Web 3.0 上开发的虚拟世界时，人们才对 meta 这个词有了更深刻的理解。meta 有"元"的意思，其实还有"之外""之后"甚至"超越"的意思。所谓"元宇宙"，可以理解为一个解释宇宙的宇宙、关于宇宙的宇宙、超越宇宙的宇宙，是所有宇宙的"根目录"，

图7-16　德寿宫遗址透明OLED显示屏（资料来源：四川川大智胜软件股份有限公司杭州分公司）

是建构于 metadata 的数字串和建构于数字世界的宇宙场景。元宇宙是数字的元宇宙，又是"互联网＋区块链＋图形学"引擎的元宇宙，一个始终在线的多链的元宇宙。虚拟世界正在成为开发者、创作者与用户、玩家集体维护、多方共享的数字宇宙。构建考古遗址博物馆元宇宙的基本目标是打造真正意义上的智慧博物馆，形成具有数字孪生、虚拟原生、虚实共生、虚实联动的虚实智联体。例如，通过高精度三维采集和建模构建脱域数字孪生遗址，开启沉浸式"德寿宫时空门"；制作"再现德寿宫"VR眼镜，营造"真实"场景；以云展览拓展表现时空。

腾讯科技（深圳）有限公司董事会主席马化腾在公司 2020 年度特刊《三观》前言中指出，移动互联网将升级为"全真互联网"，通过线上线下一体化使用户实现更真实的数字体验，通过空间和叙事凸显更丰富的"真实"场景。与一般博物馆相比，考古遗址博物馆在如下方面更有作为：一是为元宇宙呈现提供基本的历史逻辑和构造秩序。以文化遗产构造的人类历史坐标，可以为数字世界的形成提供基本依据和参照体系。二是在平行世界中再现历史文化空间。如德寿宫遗址、南宋临安城遗址等文化空间，可以激活为元宇宙的重要历史场景。三是出示历史和生活证物。可以精准佐证元宇宙人物及其生活环境的真实性。考古遗址的精神要素还可以为元宇宙发展提供价值尺度和伦理依据，促进科技向善，也可以为在数字世界实现人文致美注入文化基因。另外，还可以通过"非同质化权证"（Non-Fungible Token，NFT）开发数字创意藏品。NFT 本质上是数字版的"真品证明书"（Certificates of Authenticity），事实上构成非同质化代币。这并非只是将实物证书简单地转换为数字证书，而可以基于分布式区块链上的加密智能合约证明拥有者持有的这个代币是唯一的。其"非同质化"特性表示每一个代币都对应一个具体的独特实体，因而是唯一的。NFT 使作品脱离具体的地理空间定位、具体的时间流线，成为无法更改、独一无二、不可复制的数字存在，即"脱域艺术"。数字艺术家用 NFT 创作可验证的稀缺作品，收藏者可获得可追溯、不可伪造的数字版本。现在 NFT 交易已经非常活跃，Rarible 等平台的交易量很大。考古遗址博物馆及其出土文物作为物理实体存在，可以铸造数字孪生 NFT，成为 NFT 化艺术作品。

2022 年 12 月美国人工智能研究实验室 OpenAI 开发的聊天机器人 ChatGPT 正式上线，并成为有史以来用户增长速度最快的应用程序。微软公司联合创始人比尔·盖茨（Bill Gates）接受德国《商报》（*Handelsblatt*）采访时指出，ChatGPT 的重要性不亚于互联网发明，它"将改变我们的世界"。ChatGPT 是一种人工智能技术驱动的自然语言处理工具，使用 Transformer 神经网络架构，拥有语言理解和文本生成能力，不仅上知天文下知地理，还能根据聊天的上下文进行互动，甚至可以编写和调试计算机程序，进行诗歌、歌词、童话故事、电视剧、音乐等文学艺术作品创作。在知识问答、知识测试等方面的表现甚至优于人工。预计未来在博物馆中将会被广泛应用，成为博物馆智能系统、知识系统或博物馆元宇宙的中枢神经，为人类构建一个更加真实生动的考古世界、历史世界。

**图书在版编目（CIP）数据**

德寿宫传 / 周膺，吴晶著 . — 杭州：浙江工商大学出版社，2023.12

（宋韵文化丛书 / 胡坚主编）

ISBN 978-7-5178-5583-5

Ⅰ . ①德… Ⅱ . ①周… ②吴… Ⅲ . ①宫殿—研究—中国—宋代 Ⅳ . ①K878.3

中国版本图书馆 CIP 数据核字（2023）第 137599 号

# 德寿宫传
DESHOUGONG ZHUAN

周　膺　吴　晶 / 著

| | | |
|---|---|---|
| **出 品 人** | 郑英龙 | |
| **策划编辑** | 沈　娴 | |
| **责任编辑** | 刘　颖　费一琛 | |
| **责任校对** | 何小玲 | |
| **封面设计** | 观止堂_未氓 | |
| **责任印制** | 包建辉 | |
| **出版发行** | 浙江工商大学出版社 | |
| | （杭州市教工路 198 号　邮政编码 310012） | |
| | （E-mail:zjgsupress@163.com） | |
| | （网址：http://www.zjgsupress.com） | |
| | 电话:0571-88904980 , 88831806（传真） | |
| **排　　版** | 浙江大千时代文化传媒有限公司 | |
| **印　　刷** | 浙江海虹彩色印务有限公司 | |
| **开　　本** | 880 mm × 1230 mm　　1/32 | |
| **印　　张** | 9.75 | |
| **字　　数** | 211千 | |
| **版印次** | 2023年12月第1版　2023年12月第1次印刷 | |
| **书　　号** | ISBN 978-7-5178-5583-5 | |
| **定　　价** | 78.00元 | |